BEN AKRIMI

Come Acquisire Nuovi Clienti Nell'era Di Internet

Le Giuste Strategie Per Aumentare i Tuoi Clienti

BEN AKRIMI

Dedicato a mamma e papà che
Purtroppo non ci sono più.

Indice

Capitolo 1 - Lo scenario di riferimento e la sua evoluzione

Crisi economica e crisi produttiva: nessuna compra e molti non sanno più vendere

Con l'avvento della rete cambiano i mercati ed i clienti, tutto è "sempre ed ovunque"

Essere su internet non vuol dire saper vendere: capire come presidiare il web

L'importanza di educare il cliente attraverso la lead generation

Educare l'utente per renderlo acquirente

Sintesi

Capitolo 2 - Conoscere, posizionarsi, farsi conoscere ed interessare

Conoscere i tuoi potenziali clienti: stabilire uno o più target

I processi psicologici fondamentali I processi decisionali d'acquisto

Il Brand Positioning è la chiave segreta del marketing

Brand awareness: farsi percepire credibili ed autorevoli

Il blog ed i social media: cosa dire, come ed a chi

Ascoltare la rete non guasta mai

Sintesi

Capitolo 3 – La lead generation

La lead generation può essere utile a tutti se fatta bene

Conoscere i mezzi più adatti: capire come raggiungere il tuo target

La landing page

La call to action

E-mail marketing

Offrire un valore in cambio dei dati

Sintesi

Capitolo 4 - La conversione

L'ultimo gradino dopo una lunga strada

Il lead ben "scaldato" è pronto ad acquistare

Non solo shopping: la conversione non sempre è un acquisto

Newsletter e non solo, dopo l'acquisto "coccoliamo" il cliente perchè ritorni

Sintesi

Conclusioni

Un nuovo modello contro la crisi

I giusti mezzi: il web e le tecnologie digitali

Sapersi posizionare

La giusta via: conoscenza, interesse, offerta, conversione

PREFAZIONE

Tutto è iniziato per gioco, per esperimento e ti assicuro mi viene ancora da sorridere a pensarci su.

Esattamente nel lontano 2008 ho frequentato il mio primo corso di web marketing e nello specifico c'era una parte che mi appassionava in modo particolare e che riguardava la lead generation (generazione di contatti).

Ecco come funzion:

Tramite il sistema di Google Adwords, si prepara una campagna e attraverso gli annunci si atterra sulla classica landing page ovvero pagina di atterraggio, con l'obbiettivo ovviamente di generare contatti, raccogliere dati e aumentare il numero dei potenziali clienti.

Funziona proprio così: un utente va a cercare un prodotto/servizio digitando delle parole-chiave nella barra del motore di ricerca e Google mostra i vari annunci pubblicitari attinenti (tra i quali c'è anche il tuo). L'utente che clicca sul tuo annuncio per saperne di più, viene re-indirizzato su una pagina del tuo sito che si chiama appunto landing page (letteralmente pagina di atterraggio) dove ha la possibilità di contattarti per avere maggiori informazioni o per richiedere un preventivo ad esempio.

Ovviamente la curiosità era tanta e personalmente ero rimasto talmente affascinato dagli argomenti del corso che mi sono dedicato completamente a questo e ho cominciato a testare sul campo queste strategie.

Cosa ho fatto in pratica? Inizialmente solo una prova. Ho scelto un settore di mercato per effettuare un test e indovina cosa ho fatto? Una landing page con una campagna Adwords correlata: si ho approfondito la formazione con altri corsi, ho imparato il linguaggio di programmazione html e dopo circa un mese finalmente ho creato la mia prima pagina web attraverso la quale ho lanciato la mia prima campagna Adwords.

Cosa è successo?

Beh per me quello che successo è una magia. Ho iniziato a ricevere contatti da parte di persone interessate a quello specifico servizio, quindi tutti potenziali clienti che lasciavano i loro dati per essere ricontattati. Ovviamente nel caso specifico, non potevo contattarli io personalmente perché non era il mio settore era solamente un test.

Ed ecco che mi è balenata in mente l'idea! Non volevo perdere quei contatti e desideravo trovare il modo per poter farlo diventare un business.

Cosa ho fatto? Ho cercato subito un' azienda in quel settore specifico, proponendo una collaborazione dal momento che io avevo già i contatti e l'azienda poteva soddisfare quelle richieste perché era in grado di offrire quel servizio specifico.

A questo punto ho continuato la campagna Adwords, con

l'azienda abbiamo deciso di continuare e non ho fatto altro che riproporre quello che avevo già fatto ma andando ad intercettare un altro bisogno e proponendo ai potenziali clienti proprio ciò di cui stavano andando in cerca. Il mio obiettivo chiaramente era sempre quello di raccogliere quanti più contatti possibili per poi passarli all'azienda con cui stavo collaborando.

Questo sistema ha funzionato in tanti settori e me ne sono occupato fino al 2012; ancora oggi funziona bene con alcuni prodotti o servizi se fatto a regola d'arte. Ma è arrivato l'imprevisto. Una cosa strana quasi incomprensibile è che le persone quasi tutte insieme hanno iniziato a cambiare il loro comportamento di acquisto.

Quindi proprio quelle campagne che funzionavano molto bene hanno iniziato a non funzionare più allora ho iniziato a studiare altri protocolli, altre strategie, su altri tipi di sistemi per generare clienti e mi sono imbattuto nella lead generation qualificata (che tradotta in italiano sarebbe appunto la generazione clienti qualificata). Quindi l'obiettivo ora diventa: come realizzare un sistema completo di generazione clienti "educando" le persone alla tua brand e fare in modo che quelle che sono entrate in contatto con te si preparino all'acquisto?

In realtà tutto è nato attraverso una semplice domanda che ho rivolto ai formatori (i migliori del settore) che studiano e insegnano questo argomento. Ho chiesto loro: "Come faccio a portare la lead generation in Italia e renderla ancora migliore rispetto a quella che ho già imparato e sperimentato?". Certo ho sempre seguito i migliori corsi a disposizione, ho avuto eccellenti formatori come Jeff Walker, Brendon Burchard, Dr Cerè in Italia.. ma come faccio a renderla ancora migliore?

In realtà non è venuta subito l'idea che ti sto per svelare.

Ma non ho mai smesso di pensare giorno e notte alla soluzione. Mi sono detto: "un'azienda o un professionista che ha un semplice sistema di "generazione clienti" che magari funziona (e quindi non cerca null'altro), cosa può fare se un giorno proprio quel sistema su cui si è sempre basato, ad un certo punto non dovesse più funzionare?

Ecco che mi è venuta l'idea. Ed ho creato un sistema di generazione clienti basato su due elementi fondamentali, per anticipare qualsiasi rischio:

il primo si fonda sull'unicità del prodotto quindi deve essere il primo e l'unico del suo mercato;

il secondo è basato tutto sulla costruzione della propria autorevolezza.

Quindi volendo andare ancora più nello specifico, potrei aggiungere che il primo passo fondamentale è quello di costruire la tua unicità ovvero confezionare il tuo prodotto o presentare il tuo servizio in un modo unico.

L'obbiettivo della lead generation è proprio quello di educare il potenziale cliente a preferire te e a comprare da te: ecco che se tu lo educhi su un prodotto o servizio che non è unico rischi al contrario di generare clienti per i tuoi concorrenti! Rischi che dopo averlo educato il "tuo" cliente vada ad acquistare dal tuo concorrente magari solo perché si propone con un prezzo più basso.

Ecco perché è fondamentale essere unici sia nel confezionare il tuo prodotto o servizio sia come presentarlo e comunicarlo.

 Il secondo elemento fondamentale per far funzionare un sistema di acquisizione clienti è quello di costruire la tua autorevolezza ovvero costruire attorno al tuo prodotto o servizio una sorta di prerogativa esclusiva, di valore aggiunto, di potenziale da sprigionare.

Ecco che se tu hai un sistema di acquisizione clienti basato sulla tua unicità e sulla tua autorevolezza fai veramente la differenza.

E i vantaggi sono enormi. Questo perché prima di tutto nessuno ti può e ti potrà mai copiare.

In secondo luogo se anche dovesse cambiare il trend nel futuro, tu hai già costruito qualcosa di solido e hai fatto la differenza rispetto a chi si basa su un semplice sistema di lead generation (il cosiddetto funnel di vendita, che è uno schema molto tradizionale).

In poche parole non basta avere un semplice sistema di lead generation come ti dicono i "guru" del web.

Ecco perché ho deciso di approfondire anche la disciplina del brand positioning "la scienza di costruire l'unicità di un prodotto/servizio". Innanzitutto per me stesso, per imparare e formarmi, leggendo libri e frequentando i migliori corsi sull'argomento come BRAND FACILE (brandfacile.it) del mio maestro Marco De Veglia. E poi per sviluppare con il tempo quella sensibilità di vedere le idee di business sotto un altro punto di vista, basato appunto su tutte le competenze che ho acquisito nel tempo ma anche con l'esperienza di chi ha sperimentato e ottenuto successi e soddisfazioni. Cosa che molto probabilmente capiterà anche a te leggendo questo libro.

INTRODUZIONE

Conquistare sempre più clienti è stato uno dei principali obiettivi del marketing da cui è dipeso, spesso, il successo o l'insuccesso di un'azienda. Pur nella complessità del ciclo d'acquisto (durata e persone coinvolte nel processo decisionale), ci hanno sempre detto che l'obiettivo era attrarre un numero sempre maggiore di clienti.

È così? Sarà sempre così?

Negli ultimi anni sono avvenuti tanti cambiamenti e non basta più che la funzione marketing si occupi del brand e di fornire ai professionisti delle vendite dei supporti cartacei (brochure, depliant, etc) che li supportassero nell'arte di conquistare i clienti.

Questo quadro – che tra l'altro vedeva un ruolo assoluto del venditore – è cambiato con l'avvento e la diffusione massiccia di Internet. L'acquirente non acquisisce le informazioni dal venditore ma utilizza Internet per informarsi, conoscere, confrontare.

Rispetto al passato si è allungata la fase decisionale e temporale in cui il cliente è solo potenziale e qui che bisogna intervenire, essere presenti e orientarlo verso di noi, il nostro prodotto, il nostro servizio.

Il marketing delle vendite è sempre più orientato alla demand generation, ovvero a quel processo che pone l'attenzione al cliente potenziale fino al momento in cui si trasforma in cliente effettivo.

Questo processo include la lead generation, che può supportare una gestione efficiente ed efficace di tutti i cambiamenti. Strumenti e tecniche di generazione clienti possono contribuire a ridisegnare un approccio innovativo in azienda che tenga conto del cambiamento dei mercati e delle nuove esigenze del cliente interno ed esterno.

Questo approccio, nel quadro complessivo di un'economia in forte cambiamento attribuisce il giusto rilievo al cambiamento dei bisogni dei clienti interni ed esterni, alla motivazione e alla valorizzazione delle figure professionali coinvolte nella vendita, alle dinamiche della comunicazione e in generale all'immagine aziendale che deve essere in linea con le nuove strategie di orientamento alla qualità, al servizio, alla soddisfazione del cliente.

L'obiettivo di questo libro è fornire una lettura competente che possa indirizzare un processo riorganizzativo efficace e adeguato per velocizzare il riposizionamento strategico nel mercato. La gestione tradizionale delle attività aziendali e di vendita oggi risulta inadeguata rispetto al nuovo mercato globalizzato e non risponde alle sfide dei mercati troppo ampi e spesso non regolamentati.

È indubitabile che oggi le imprese si trovino a vivere una grande crisi, ma è altrettanto vero che la crisi attuale può rappresentare un'opportunità per chi si muove nel modo giusto, con le competenze e gli strumenti giusti.

La crisi non deve essere presa sottogamba ma più seriamente, e più seriamente significa non abbattersi, ma farne una leva per il cambiamento. I problemi, se li si affronta prima che diventino catastrofi, possono diventare risorse e offrire opportunità di vantaggio competitivo e reddito.

Questa è la chiave del demand generation marketing che può aprire qualche speranza ed è proprio in questa direzione che va la lead generation qualificata e gli strumenti di vendita online che possono essere utili anche per mettere in luce aziende che si distinguono.

Nell'innovazione c'è un ritorno all'antico? In parte sì: il famoso scienziato Albert Einstein nel 1931 scrisse queste parole che possono farci riflettere molto:

"Non possiamo pretendere che le cose cambino, se continuiamo a fare le stesse cose. La crisi è la più grande benedizione per le persone e le nazioni, perché la crisi porta progressi. La creatività nasce dall'angoscia come il giorno nasce dalla notte oscura. E' nella crisi che sorge l'inventiva, le scoperte e le grandi strategie. Chi supera la crisi supera sé stesso senza essere 'superato'.

Chi attribuisce alla crisi i suoi fallimenti e difficoltà, violenta il suo stesso talento e dà più valore ai problemi che alle soluzioni. La vera crisi, è la crisi dell'incompetenza. L' inconveniente delle persone e delle nazioni è la pigrizia nel cercare soluzioni e vie di uscita. Senza crisi non ci sono sfide, senza sfide la vita è una routine, una lenta agonia. Senza crisi non c'è merito. E' nella crisi che emerge il meglio di ognuno, perché senza crisi tutti i venti sono solo lievi brezze. Parlare di crisi significa incrementarla, e tacere nella crisi è esaltare il conformismo. Invece, lavoriamo duro. Finiamola una volta per tutte con l'unica crisi pericolosa, che è la tragedia di non voler lottare per superarla."

(tratto da "Il mondo come io lo vedo"1931).

Il cambiamento è in atto, la stessa crisi è cambiamento e chi l'accetta e non la subisce – con approccio innovativo e reattivo – accetta anche il cambiamento.

Questa crisi, allora, può essere interpretata anche come una forma di innovazione perché fa fare oggi cose che fino a ieri erano impensate: implementazione di tecnologie ecosostenibili, reti collaborative tra aziende e settori complementari, terziarizzazione della manifattura. A ciò si aggiunge che questa crisi ha cambiato le attese dei consumatori e i suoi bisogni.

Per conseguenza di tutto ciò le imprese oggi, di qualsiasi dimensione e settore produttivo, sono chiamate a operare una profonda rivisitazione del business.

L'incertezza generata dalla complessità del mercato non va lasciata al caso: il cambiamento va governato; vi è necessità di ridurre o quantomeno governare i fattori della stessa complessità a un livello accettabile per l'organizzazione stessa.

***

QUALCHE DOMANDA E RISPOSTA PER SCALDARE I MOTORI...

1.   Che cos'è la lead generation?

La lead generation   (alla lettera: generazione di contatti commerciali) è l'insieme di tutte quelle attività, strumenti, tecniche e strategie di web e digital marketing, finalizzate a generare un contatto commerciale (lead) potenzialmente interessato ai prodotti e ai servizi di cui ti occupi.

2.   Perché diciamo che la lead generation è qualificata?

L'aggiunta di un attributo (qualificata) cambia realmente le cose, perché dà l'esatta dimensione della generazione sì di contatti, ma che siano qualificati nel senso che i potenziali clienti hanno già comprato nella loro testa (infatti più avanti, nel corso della lettura, ti renderai conto di quanto sia importante che la percezione della differenza del prodotto rispetto alla concorrenza sia nella mente del consumatore non nel banco del supermercato). In altre parole, sono le richieste dei clienti a essere qualificate e tali si trasformano in vendite (naturalmente si spera che una bella fetta di richieste si trasformi in effettive vendite).

3.   Quali sono i fattori di successo della lead generation?

Andando avanti nella lettura ti renderai conto che la lead generation è una di quelle cose che o la fai bene o è meglio che non la fai. Se non dedichi a essa le giuste energie e investimenti (non solo economici ma di tempo e dedizione) gli effetti negativi ritorneranno indietro come un boomerang. I fattori chiave di successo per una campagna ad hoc è il posizionamento di marca ovvero il brand positioning.

4. Cosa significa dunque Brand Positioning?

Letteralmente tradotto dall'inglese significa posizionamento di marca. Quindi una marca che deve trovare la sua collocazione, la sua posizione bene precisa in un posto altrettanto ben definito. Dove?

Nella mente del cliente. L'unico posto in cui avvengono gli scontri per giungere alla decisione finale che è quella finalizzata all'acquisto. Nella mente di ognuno di noi, in qualità di potenziale cliente e acquirente, per ogni categoria di prodotto esiste una scala ben precisa, composta generalmente da non più di tre gradini. Ti ho incuriosito abbastanza? In realtà è l'argomento che mi appassiona di più, quindi scenderemo nel dettaglio più avanti.

5. Quali sono i vantaggi di un sistema di lead generation?

- Se non ce l'hai, i visitatori arrivano pure sul tuo sito (spinti da chissà quale forza misteriosa e aliena) ma poi non tornano. Eh già, cosa dovrebbero tornare a fare se non gli dai gli stimoli giusti per ricordarsi di te?

- La puoi usare per "educare" il cliente. Non si tratta di avere chissà quale atteggiamento coercitivo e punitivo nei suoi confronti. Qui la parola "educare" è intesa nel suo fine etico e morale: educare (dal latino educĕre «trarre fuori, allevare») nel senso di contribuire allo sviluppo e alla formazione della conoscenza. Se saprai educare, farai in modo di essere identificato dal cliente come una guida, un maestro, un punto di riferimento. Si fideranno di te, dei tuoi prodotti e dei tuoi servizi;

- Lungo tutto questo percorso, trarrai degli ottimi benefici finali se "scalderai" (nel senso di curare con amore e pazienza, quasi come la chioccia che cova le uova e aspetta che si dischiudano) i contatti, cioè se aspetterai che la maturazione avvenga al momento giusto. Lev Tolstoj diceva: "Quando una mela è matura e cade, qual è la causa che la fa cadere?". Le nostre mele saranno proprio i nostri contatti.

Ti sembra che i risultati siano lenti ad arrivare?

Non preoccuparti, leggendo ti renderai conto se il processo di evoluzione è fisiologico o ci sono elementi esterni che lo stanno rendendo patologico.

Ti sembra di avere poco controllo sul come, quando, perché della lead generation?

Non avere fretta, né farti prendere dall'ansia di vendere a tutti i costi. Altrimenti – per rimanere nella metafora di cui sopra - mangerai mele acerbe. Fatti uno schema mentale in cui metti sempre al primo posto un meccanismo incessante e interattivo di "Analisi e miglioramento continuo". Manda questo meccanismo avanti, ma fallo tornare anche indietro per avere dei feed – back utili della tua attività. Essi serviranno a rivisitare messaggi sbagliati che potrebbero rapidamente portare alla rovina del processo, oppure a "forzare" in modo giusto verso la vendita.

In questo libro

Questo libro è articolato in tre parti.

La prima parte "La situazione attuale" si propone di indagare lo scenario di mercato in cui oggi le imprese si trovano a lavorare.

come già probabilmente avrete compreso nelle pagine precedenti, l'insieme delle più opportune strategie di marketing e comunicazione utili a rendere il vostro brand ed i vostri prodotti ben posizionati sul web e ben riconoscibili in maniera opportuna dagli utenti della rete fino a convincerli con le giusta comunicazione a scegliervi. Sarà cioè descritto il sistema del funnel di vendita ovvero "imbuto di vendita" che, appunto, conduce un semplice utente fino al punto giusto per renderlo un lead "contatto" profilato, a partire dalla fase di "cattura" degli utenti generici, passando per la fase di "riscaldamento" e coinvolgimento dell'utente, fino alla sua conversione.

Nel capitolo 1 amplieremo il discorso già accennato sull'evoluzione del nostro scenario di interesse e quale sia oggi il suo aspetto, così da poter avere una conoscenza sufficiente di come appare il "campo di battaglia" che ci attende ed in cui ci andremo a confrontare

Nel capitolo 2, dopo aver capito quale è la realtà del mondo del web, capiremo come calarci in questa in maniera proficua. Apprenderemo cioè tutte quelle pratiche utili a capire chi siamo, a comunicare al nostro target, a posizionarci nella maniera giusta, a renderci appetibili ed attraenti.

Nel capitolo 3, dopo aver visto come convogliare utenti dentro il nostro funnel, analizzeremo tutte le armi a disposizione della lead generation utili ad inviarlo verso la strada più opportuna, imparando a capire quali usare, quando e come, per ottenere i risultati migliori.

Nel capitolo 4, dopo tutte le trattazioni nei capitoli precedenti riguardo le varie fasi dell'attraversamento del funnel di vendita, arriveremo ad analizzare la conversione, che è quella che ci darà effettivamente un lead. Spesso tale fase si concluderà con una vendita e quindi un guadagno ma, come già accennato, non sempre alla conversione dovrà necessariamente corrispondere una vendita. Anche il guadagno immateriale per una azienda ha la sua importanza, vedremo quale e perché.

Sarà quindi la volta delle conclusioni, dove, oltre a ridare una visione d'insieme di quanto trattato lungo tutti capitoli, cercheremo di trarre qualche conclusione su come e perché sia utile applicare nella maniera migliore gli insegnamenti trattati in questo testo.

****

Come mettere in pratica quanto appreso con la lettura? Come utilizzare nel vostro business le tecniche illustrate in questo libro? Vi accorgerete, nel vostro essere professionisti, imprenditori, venditori, manager del miglioramento perché quest'ultimo, negli approcci del marketing digitale, parte dalla risoluzione dei problemi del cliente, risoluzione ottenuta ricorrendo agli strumenti individuati.

Possiamo affermare che il digitale, oggi, è la linfa vitale di un sistema di comunicazione al cliente nuovo, moderno e lungimirante.

E in questo processo, salendo la scala fino a quei gradini più prossimi all'acquisto effettivo da parte del cliente, vediamo come quanto insegnato in questo libro può essere trasferito alle attività quotidiane che richiedono una comunicazione efficace.

La programmazione delle attività, la scelta degli strumenti giusti se accompagnati dal fervore giusto, garantiranno un entusiasmo del quale rimarrete sorpresi e accadrà una cosa meravigliosa: i vostri orizzonti di vendita cominceranno ad ampliarsi e vedrete la vostra attività sotto una nuova luce.

Una volta stimolato il desiderio di apprendere e applicare quanto si è appreso, s'innesca una serie di azioni e interazioni che vivificano e rafforzano l'attività aziendale nel suo insieme.

In qualità di venditori, dirigenti, manager, commessi, tutti abbiamo la responsabilità di rendere informazioni utili al cliente per accompagnarlo all'acquisto. La nostra capacità di rendere queste informazioni in modo chiaro e conciso è spesso il metro col quale i clienti giudicheranno la nostra competenza.

Oltre a usare i principi di questo libro nel vostro business – ed è lì che avrete le maggiori soddisfazioni – dovreste cogliere qualsiasi occasione di vendita futura di lungo periodo che si prospetti all'orizzonte.

E la parola d'ordine, il principio che sovraordina ogni vostra attività, sotto questa nuova luce è…persistete!

Quando apprendiamo una cosa nuova non facciamo mai progressi regolari. Non miglioriamo gradualmente. Il miglioramento avviene a ondate, con improvvisi scatti di crescita o bruschi cali. Poi, per qualche tempo resta stazionario, oppure si notano addirittura delle regressioni, una perdita del terreno guadagnato.

Questi periodi di stasi o regressione sono fisiologici e per quanto ci possiamo dar da fare non riescono a spostarsi di un millimetro. I deboli, in preda alla disperazione mollano.

Quelli che hanno grinta insistono e fanno bene perché improvvisamente, senza rendersene conto, da un giorno all'altro, registreranno un grande progresso con naturalezza, vigore, fiducia nelle loro capacità.

Potrete provare una paura momentanea ed è normale. Perseverando riuscirete in breve a spazzare via ogni diffidenza nei confronti di queste nuove tecniche di vendita: dopo le prime fasi in cui la preoccupazione vi farà pensare di non farcela, riprenderete il pieno controllo.

Tenete sempre presente che il premio è sicuro: dopo la lettura di questo libro non abbandonatelo, ritornate su quei passi che, da una prima lettura, sembravano poco chiari. Questo non significa che un bel mattino vi risveglierete come uno dei marketer più capaci della vostra città. Ma nei limiti della ragionevolezza possiamo affermare che approcciandosi con questo modo innovativo alle vendite, prima di tutto, ne avrete acquistato anche in fiducia in voi stessi.

Nella maggior parte dei casi chi legge questo libro è un uomo d'affari, un imprenditore, un venditore, un dirigente, un aspirante marketer…ma prima di tutto è un uomo (o ovviamente una donna!) che ha avuto la forza di perseverare.

Chi si scoraggia o è troppo occupato a fare soldi, non fa molta strada. Ma chi è dotato di grinta e si propone un unico obiettivo, alla fine del percorso si trova sulla vetta.

Credeteci fermamente e così farete tutto quanto è necessario per ottenere il successo. La cosa più preziosa che acquisirete è una maggior fiducia in voi stessi e nella vostra capacità di portare avanti il vostro business.

E cosa c'è di più importante per il successo di qualsiasi impresa se non la fede nella capacità di riuscire?

Se ci metterete entusiasmo nell'apprendimento delle tecniche per imparare ad acquisire più clienti e a dominare il vostro mercato di riferimento, gli ostacoli lungo il cammino svaniranno.

****

L'attenzione e le energie dovranno essere concentrate sull'obiettivo.

Buona lettura!

L'avvento del web e la nascita di un nuovo

modo di fare business

Il 15 settembre 1997, due giovani studenti dell'università di Stanford, Larry Page e Sergey Brin, registrano il domino google.com, per poi fondare l'azienda Google Inc il 4 settembre 1998. Grazie al suo algoritmo Google innova il sistema di ricerca sul web e con la sua piattaforma dà vita ad un diffusissimo ed efficace sistema di online advertising, ulteriormente ampliata con l'acquisto di YouTube nel 2005.

Febbraio 2004, Mark Zuckerberg ed alcuni suoi compagni di studi dell'università di Harvard creano una piattaforma per la gestione di una rete sciale: Facebook. Oggi il social network per eccellenza conta ormai oltre 1,4 miliardi di utenti, in ogni parte del mondo, ai quali offre servizi sempre più innovativi ed utili (ad esempio l'integrazione con Messenger e la possibilità di effettuare telefonate via web) ed alle aziende dedica una portentosa piattaforma di pubblicità mirata.

Nel 2006 è stata la volta di Twitter, nel 2010 sono arrivati Instagram e Pinterest, gli utenti hanno iniziato ad usufruire di sistemi di comunicazione sociale sempre più avanzati per esprimersi o mostrare e scambiare foto e video, le aziende hanno trovato un nuovo modo di fare business.

Ciò che la crisi ha tolto il web ha restituito, almeno in parte. Ossia tutto lo spazio sul mercato che le aziende si erano guadagnate in tanti anni e che la crisi ha tolto è stato recuperato attraverso la diffusione dei sistemi di pubblicità e vendita su internet. Ad esempio, mentre un tempo i negozi vicini, lungo un stessa strada, concorrevano nell'avere la vetrina più bella ed attraente oggi anche i più importanti brand riducono le aperture di store fisici per creare vetrine virtuali (sul blog aziendale o sui social network per la diffusione di foto come Pinterest) collegati ad e-commerce. Questo consente di abbattere i costi di gestione e raggiungere molte più persone, potenzialmente in ogni parte del mondo e spesso permette di offrire a prezzi più convenienti. Ma anche nel mondo della pubblicità è cambiato molto. Se prima la diffusione della pubblicità "dispersiva" erano Tv, radio e carta stampata, oggi i sistemi di advertising di players globali come Google, Facebook e Twitter permettono di far conoscere il proprio brand o i propri prodotti a decine (se non centinaia) di milioni di persone, con la possibilità di mirare in maniera molto più diretta al target più corrispondente alle proprie necessità. Il tutto a costi notevolmente più convenienti.

Del resto in un mondo in cui i clienti sono sempre su internet, per le aziende, i professionisti e gli artigiani non ha più alcun senso non esserci.

Con le immense opportunità offerte dal web nessuno ha più una valida ragione per esimersi dall'affrontare il mercato digitale. Tanto la grande azienda quanto il piccolo artigiano possono investire in campagne pubblicitarie online e vendere su internet.

Le nuove opportunità sono alla portata di tutti

C'era un tempo in cui fare pubblicità e rendersi visibili a molti potenziali clienti era una possibilità riservata a quei pochi che potevano permettersi budget immensi tali da pagare spazi pubblicitari sulle reti nazionali o sui giornali più letti. Per tutti gli altri c'erano i volantini, i manifesti o, nella migliore delle ipotesi, qualche emittente locale. Poi è arrivato internet e grazie allo sviluppo dei sistemi di comunicazione ed interconnessione oggi tutti possono affrontare il mercato con budget veramente minimi raggiungendo obiettivi prima alla portata di pochi.

Il web e le tecnologie digitali hanno messo a disposizione di tutti piattaforme per la pubblicità e per la vendita online in grado di raggiungere milioni di potenziali clienti con spese alla portata anche delle tasche più piccole. E per di più, lì dove era quasi impossibile sapere quanti erano stati raggiunti dai volantini e quanti li avevano letti, così come era complicato conoscere l'esatto numero di individui raggiunti da pubblicità su TV, radio o carta stampata, oggi è molto più semplice sapere, con più che buona approssimazione, la quantità di contatti avvenuti tramite l'online advertising e quanti contatti si sono trasformati in effettivi acquirenti. Quindi in modo scientifico sai esattamente quello che investi e sai esattamente quello che ti torna indietro, il tuo RIO (RETURN ON INVESTMENT o ritorno sugli investimenti)

Il mercato digitale contemporaneo ci offre quindi una serie di opzioni per permettere di raggiungere milioni di potenziali clienti in ogni parte del mondo, ma soprattutto permette di "mirare" al giusto obiettivo selezionando le caratteristiche del target più vicino possibile al nostro acquirente tipo.

Le piattaforme di online advertising disponibili per tutti e con spese contenute sono prevalentemente quella di Google AdWords e quelle dei principali social network, cioè Facebook Ads e Twitter Ads.

Ma il traffico su un sito non si attira soltanto pagando, anzi, se provate ad esaminare una pagina di ricerca di Google noterete che alle pubblicità vengono concesse poche righe in alto, in basso ed al lato, tutto il resto sono i risultati della ricerca non a pagamento che si definiscono organici. Ed il poter essere tra le prime righe in prima pagina tra i risultati organici porta tanto traffico sul proprio sito e (soprattutto) gratuitamente!

Fermo restando le tecniche più utili per rendere "Google Friendly" un sito, un ottimo strumento per attirare traffico è la creazione e la cura costante di un blog collegato al sito stesso. Quante più persone interessate ad un dato argomento "atterreranno" sul tuo blog per leggere gli articoli, tanto più il tuo sito vedrà aumentare il traffico ed i potenziali clienti, oltre a rendersi più "accattivante" agli occhi (digitali) di Goolge.

Ma, come in ogni cosa che debba essere ben fatta, anche le strategie di comunicazione e pubblicità attraverso il web non possono essere lasciate al caso. E' vero che internet offre a tutti grandi opportunità ma soltanto chi ha le capacità e le conoscenze teoriche giuste ne può approfittare in maniera redditizia. Esistono centinaia di milioni di blog in ogni parte del mondo in ogni lingua, perché un utente dovrebbe andare a leggere un articolo sul nostro blog?

Tutte queste domande troveranno una risposta nelle prossime pagine, continua a leggere!

Generare nuovi clienti – creare il giusto

sistema di lead generation

E' comunque vero che anche se riusciamo a convincere un utente a cliccare su un nostro annuncio pubblicitario dovremo essere poi pronti a guidarlo lungo il viaggio che lo porterà ad "atterrare" nel punto giusto a permettere a lui di compiere l'azione che necessita di compiere (registrarsi ad un servizio, effettuare un acquisto, ecc…) ed a noi di ricevere i dati ed i pagamenti.

Se sei attivo sul web con un sistema di vendita di beni o servizi, o comunque ti avvali della rete come "mezzo di lavoro" avrai necessità di creare un percorso specifico per generare lead profilati e trovare nuovi clienti.

Ed in realtà il viaggio che porta un semplice utente a divenire un lead profilato nasce nel momento in cui questo inizia a navigare su internet e termina (spesso, ma non sempre) al momento della conversione.

Insomma avere i prodotti migliori di tutti e fare le pubblicità più accattivanti non serve a niente se poi non siamo in grado di gestire tutte le fasi fino alla vendita ed alla raccolta dei dati.

L'insieme di passaggi che formano il percorso all'interno del quale dovrai convogliare gli utenti del web per portarli a profilarsi e convertire costituiscono il funnel.

Premettendo che il discorso sul percorso di generazione dei lead verrà ripreso ed approfondito al capitolo opportuno, vale la pena introdurre alcuni concetti come, appunto, quello del funnel di vendita

Il funnel di vendita può essere immaginato come un cono (o triangolo) rovesciato sulla cui sommità si trovano l'insieme degli utenti (nel nostro caso del web) ed all'interno entrano coloro che essendo interessati ad un prodotto, brand, ecc... si connettano magari ad un sito legato al brand in questione, visitano il suo e-commerce scelgono un certo prodotto e quindi compiono l'azione comprandolo.

Alle varie fasi del comportamento degli utenti/clienti corrisponderanno opportune attività dell'azienda o comunque del soggetto che crea e gestisce il percorso. Tali attività saranno per la gran parte ripetitive e quindi facilmente organizzabili a priori o gestibili tramite ad esempio un call center per tutte quelle situazioni che esulano dal comportamento normale o generano delle difficoltà e potenziali intoppi alla conclusione del percorso.

Il disegno di inizio paragrafo è estremamente semplificato ma sufficiente a far comprendere il funzionamento del funnel. Le scritte del disegno stesso sono più grandi alla sommità e si rimpiccioliscono scendendo per indicare che inizialmente la quantità di utenti potenzialmente interessati è molto alta, via via sono se sempre meno coloro che percorrono tutte le fasi del viaggio fino ad effettuare l'azione all'ultimo gradino, che non sempre deve necessariamente essere una vendita.

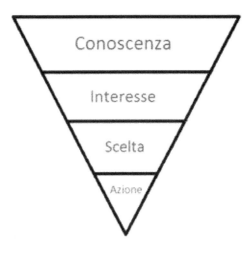

Ed in realtà non sempre l'ultimo gradino è effettivamente l'ultimo, si possono spesso generare altri passaggi che magari portano un cliente a ricevere newsletter di un certo brand dopo che ha effettuato un acquisto sullo store digitale con il preciso intento di fidelizzarlo al brand stesso.

Se farsi conoscere nel giusto modo è fondamentale, non farsi dimenticare lo è altrettanto.

Infatti anche il sistema di lead generation costruito nella maniera migliore possibile non è sufficiente se non è adeguatamente supportato da un'opportuna attività di posizionamento del brand ed un costante lavoro che permettano di percepire il brand stesso come autorevole.

Trovare la giusta posizione al tuo brand

Perché ad essere scelto dagli utenti, potenziali clienti, sia il tuo annuncio pubblicitario sul web o il tuo articolo nel blog devi dar loro la certezza che il click che conduce al tuo sito, al tuo e-commerce o al tuo account social è la scelta migliore possibile, anzi, l'unica che vale la pena fare.

Non basta essere su internet con un sito o una pagina Facebook, non conta quanti followers o fans riusciamo a racimolare. Nè si tratta semplicemente di influenzare le scelte dei consumatori presenti sul web con tecniche dai dubbi gusti, ma è necessario dar loro la percezione esatta che il valore che possiamo offrire è superiore (o comunque più conveniente) di quello offerto dai nostri concorrenti.

Occorre fare in modo che gli utenti identifichino il nostro brand con quei valori a loro congeniali fino al punto da preferirlo agli altri e percepirlo come l'unica scelta giusta. L'esempio più diffuso, ma anche il più semplice da comprendere, è quello per il quale tutti (o almeno la grande maggioranza dei consumatori) percepiscono il marchio Apple come sinonimo di stile e tecnologia all'avanguardia, ossia di un valore superiore agli altri, per cui accettano l'idea di spendere di più e scegliere i suoi prodotti a discapito dei concorrenti. Ma si potrebbe fare anche l'esempio opposto, esistono infatti tante marche low-cost che montando il sistema operativo Android (di Google) possono offrire prodotti discreti, ciò li rendi appetibili a molti altri consumatori che trovano più conveniente effettuare un acquisto di questo tipo.

Sarà quindi necessario fare in modo che gli utenti apprezzino le nostre offerte come quelle per loro più idonee ed imparino ad identificare il nostro marchio come quello i grado di garantire sempre e comunque la scelta migliore, ossia la più autorevole.

Occorre posizionare il proprio brand ed i propri prodotti in un segmento ben preciso all'interno del mercato tale per cui si possa intercettare il target (utenti/clienti) considerato per noi più giusto e renderci riconoscibili e convenienti agli occhi di chi deve compiere la scelta d'acquisto.

Per questo successivamente esamineremo concetti come Brand Positioning, discorrendo più approfonditamente su come creare una giusta strategia che permetta di rendersi unici nella mente del potenziale cliente

Imparare a rendere il tuo brand autorevole

Ma una volta che si è nella giusta posizione occorre rimanerci. Cioè sarà necessario che gli utenti percepiscano continuamente il tuo brand ed i tuoi prodotti come l'unica scelta valida.

Dovrai, cioè, essere costante nella cura della tua Brand Awareness permettendo agli utenti di continuarti a considerare un brand autorevole, all'interno del tuo segmento del mercato.

Torneremo nei capitoli successivi ad approfondire queste nozioni, per ora occorre comunque iniziare a porre l'accento sul valore che il sapersi porre in maniera autorevole ha nell'influenzare la scelta del consumatore.

I mezzi con cui dovrai proporti agli utenti perché ti possano valutare come una voce autorevole sono, fondamentalmente, quelli che ti permettono di dialogare con loro in maniera più diretta e costante, ossia i social media e soprattutto il blog.

Una programmazione accurata sugli argomenti più

opportuni da trattare nei tuoi post e nei tuoi articoli, un quotidiano contatto con io tuoi fans ed i tuoi followers ed una continua assistenza nei loro confronti, con consigli ed idee riguardo le loro scelte ed i loro bisogni, ti proietterà in maniera costante al primo posto tra le loro preferenze, poiché avari raggiunto un autorevolezza unica riguardo ciò di cui necessitano.

Sei autorevole se si credibile e veritiero, ma soprattutto se dimostri costantemente la tua credibilità.

Approfondiremo successivamente anche l'analisi dei mezzi, già accennati, con cui rivolgerti agli utenti.

CAPITOLO 1

LO SCENARIO DI RIFERIMENTO E LA SUA EVOLUZIONE

Crisi economica e crisi produttiva: nessuna compra e molti non sanno più vendere

Quando si verificò il crollo della Lehman Brohders, nel 2008, il settore dell'advertising era improntato prevalentemente ai canali tradizionali. Internet si andava diffondendo in tutte le case ma non aveva ancora raggiunto il livello di importanza di oggi nel settore della comunicazione e della pubblicità soprattutto riguardo i dispositivi mobili. Tale comunicazione pubblicitaria sul web avveniva prevalentemente via banner su PC desktop.

In realtà, nel 2008, per quel che riguarda l'Italia, i presupposti a livello tecnologico per lo sviluppo dei sistemi di web advertising e per l'esplosione della comunicazione digitale già esistevano e le prime forme di pubblicità che sfruttavano tali presupposti stavano iniziando a muovere i primi passi.

Ad esempio i telefonini più evoluti venduti in Italia, almeno fino alla prima metà del 2008, integravano il protocollo WAP che permetteva di navigare su internet. Ma era ancora una navigazione difficoltosa e molto costosa che consentiva, al costo di alcuni euro, di connettersi per qualche minuto e scaricare qualche immagine o qualche breve file audio, considerando anche che i siti dedicati espressamente ai dispositivi WAP erano pochi e non molto semplici da navigare.

In realtà le difficoltà con cui ci si dovette iniziare a confrontare in quel periodo non erano di carattere tecnologico ma finanziario. Infatti il crollo di alcuni colossi della finanza e la contrazione dell'economia negli anni successivi iniziò ad imporre "cure dimagranti" sempre più forti alle aziende (anche le più grandi) che si videro costrette a lasciare a casa un numero sempre crescente di dipendenti. Contemporaneamente i giovani (anche appena diplomati o addirittura neolaureati) iniziarono ha trovare difficoltà sempre più grandi ad inserirsi nel tessuto lavorativo. Aumentavano coloro che possedevano un titolo di studio e via via diminuivano i posti di lavoro a loro disposizione.

Con lo svilupparsi della crisi si iniziò ad entrare in un circolo vizioso in cui le grandi aziende tagliavano il personale licenziando milioni di persone in ogni parte del mondo e riducendo al minimo gli investimenti, gli individui che perdevano il lavoro riducevano (per forza) i propri consumi ed i propri acquisti e faticavano sempre più a trovare una rioccupazione, le banche, spaventate da tutto questo e dalla mancanza di garanzie certe, riducevano prestiti ad aziende e clienti privati. Anche coloro che erano riusciti a mantenere il posto di lavoro spesso dovevano comunque fare i conti con un generalizzato blocco dell'aumento (se non addirittura con una vera e propria riduzione) degli stipendi che aveva man mano eroso il potere d'acquisto.

Ci si è così trovati in una situazione in cui molti non avevano più soldi per comprare e le aziende non sapevano più a chi vendere, oltre a divenire una situazione sempre più complicata.

Eppure proprio a partire dal 2007/2008 si sono iniziati a diffondere i semi di un imminente e rapido sviluppo di un nuovo modo di vendere e fare business.

In molti tra tutte le aziende, più o meno grandi, i piccoli artigiani o i professionisti che l'avvento della crisi stava mettendo in difficoltà non sono riusciti ad afferrare il grande cambiamento che stava arrivando. Hanno così mantenuto forme di comunicazione e vendita legati ai canali tradizionali ed a forme prettamente promozionali. Cioè, con un esempio semplice ma calzante, stampavano decine di migliaia di volantini dove offrivano prodotti e servizi a prezzi stracciati, questo comportava un investimento in termini di creazione e diffusione dei volantini di cui poi in realtà non si sapeva il giusto ritorno (cioè difficile sapere quanti leggevano il volantino e quanti, dopo averlo letto, si recavano a fare un acquisto) oltre a costringere a ridurre al minimo i guadagni (per poter avere il prezzo promozionale) che spesso non erano sufficienti a far fronte alle spese e comportavano comunque la chiusura dell'attività.

Anche il mettersi in proprio in un tale periodo di crisi appariva quanto meno pericoloso.

In realtà, come già detto, si stavano creando i presupposti per un nuovo sviluppo di molti settori che però la grande crisi non permetteva ancora di cogliere. Tale nuovo sviluppo stava portando i clienti dei tradizionali canali commerciali (negozi, supermarket, concessionari, agenzie, ecc...) a trovare nuovi canali più facili da utilizzare ma soprattutto più economici.

Se per andare al centro commerciale occorreva spendere benzina e tempo e non si aveva la certezza di trovare effettivamente offerte vantaggiose, allora perché non comprare online il prodotto di cui si necessitava? Si risparmia la benzina, il tempo e si ha la certezza del costo più basso e vantaggioso ed in tempo di crisi non è poco!

Con l'avvento della rete cambiano i mercati ed i clienti, tutto è "sempre ed ovunque"

Ma il grande supporto a questa rivoluzione della comunicazione, della pubblicità e delle vendite che si andava diffondendo è stato dato non tanto dai sempre presenti PC (o dalle loro versioni portatili, ossia i notebook) ma soprattutto dall'avvento di smartphone e tablet.

11 luglio 2008 In Italia iniziano le vendite dell'iPhone (che era apparso nel 2007 negli Stati Uniti), per la prima volta era possibile avere "a portata di tasca" un dispositivo che consente una miriade di attività (oltre ovviamente a telefonare) ma che, soprattutto, fa stare sempre connessi. E non è più una connessione poco stabile e costosa come il vecchio WAP, ma è una connessione (in Italia arrivò il 3G) veloce e stabile per poter vedere video, scaricare intere canzoni in buona qualità o interi album, girare in internet e magari visitare lo store (digitale) di un qualche brand ed acquistare un prodotto.

Il 27 gennaio 2010 viene presentato l'iPad, i dispositivi portatili escono dalle tasche, diventano più facili da consultare ed offrono una migliore esperienza nella navigazione. Era, contemporaneamente, il colpo di grazia ai vecchi PC ed un nuovo importante punto di sostegno allo sviluppo della rete per la diffusione del business attraverso il web.

Nel corso degli anni (in realtà se ci si fa caso sono davvero pochi) si sono sviluppati una serie di modelli più o meno concorrenti diretti dei dispositivi di casa Apple che hanno ampliato a dismisura le possibilità di diffusione di internet sempre ed ovunque. Soprattutto con l'avvento del sistema Android di Google sono nati smartphone, tablet e recentemente anche notebook che hanno reso ormai l'offerta di tali device alla portata di tutti.

Ma non tutti hanno saputo cogliere la portata dei cambiamenti che si andavano creando nella fruizione dei dispositivi di connessione e soprattutto nelle abitudini degli utenti.

Gli esempi più lampanti di come questa rivoluzione della comunicazione e delle abitudini sia stata rapida ed inaspettata possono ritrovarsi nelle vicende che hanno visto due colossi come Nokia e Microsoft prima provare a resistere (tardivamente) all'avanzata dei nuovi dispositivi e dei nuovi sistemi operativi, poi crollare fino a portare il settore telefonini Nokia ad essere acquisito da Microsoft nel tentativo di creare dispositivi in grado di inseguire le vendite dei concorrenti. E pensiamo che ad inizio 2008 Nokia era sinonimo di miglior telefonino, indistruttibile e sempre affidabile e Microsoft spadroneggiava come signore dei sistemi operativi relegando i sistemi Apple ad una piccola fetta del mercato.

Nel corso di questi ultimi anni i mercati si sono quindi via via spostati sempre più sul web alla ricerca dei clienti che sono fuggiti dai negozi fisici troppo costosi per le tasche di chi si trovava a dover fronteggiare la crisi.

Le aziende ed i professionisti che negli anni precedenti avevano creato la loro piccola presenza su internet, magari con un piccolo sito, si sono senza dubbio trovati avvantaggiati nel poter già possedere la base degli strumenti utili al passaggio dal fisico al digitale. Ma non tutti lo hanno affrontato nel giusto modo.

Se un tempo bastava un sito statico e senza troppe informazioni, con la diffusione di dispositivi sempre più veloci e potenti e bande di navigazione sempre più ampie, si è iniziato a creare siti sempre più complessi. In oltre l'integrazione di sistemi di vendita con i siti stessi ha ulteriormente complicato lo sviluppo delle presenze sul web. Oggi tutti dispongono di uno smartphone o di un tablet (o di entrambi) e si pretende di poter avere accesso ai siti ed agli e-commerce 24 ore su 24, sempre ed ovunque, un semplice sito statico con poche informazioni non serve più a nulla.

Sulla scia di tale rivoluzione nel modo di comunicare ed effettuare compra-vendite le piattaforme di pubblicità e di e-commerce, che erano nate nei primi anni 2000 e che "vivevano" prevalentemente attraverso i PC desktop, hanno visto una crescita esponenziale di utenti e fatturato grazie ai dispositivi mobili ed alla capacità di integrarsi con le loro funzioni.

Il caso più eclatante dello sviluppo dell'integrazione tra piattaforme e mobile è probabilmente il già tante volte citato Google che da semplice motore di ricerca per PC è oggi una diffusissima piattaforma di online advertising anche (e forse soprattutto) per dispositivi mobili grazie alla cui integrazione può mostrare informazioni (anche pubblicitarie) di ogni genere e tipo: dai semplici annunci a pagamento sulle pagine di ricerca fino ai servizi geolocalizzati sulla mappa comprensivi anche di recensioni dei clienti. La concorrenza si sposta online.

Vedremo nei prossimi capitoli come il suo uso opportuno può generare un gran numero di clienti e vendite.

Ed oggi le recensioni dei clienti contano, perché i clienti sono cambiati, non accettano più passivamente quello che è loro offerto da pochi negozi. Ormai grazie ad internet si informano, discutono e cercano le offerte più convenienti. Questo ha costretto aziende ed imprenditori ad adeguarsi ed offrire servizi sempre migliori e connessi al web. Emblematico a riguardo è la diffusione di un servizio come TripAdvisor dove i clienti giudicano il valore di un ristorante o di una pizzeria e gli esercenti fanno a gara ad avere giudizi sempre migliori.

Ci troviamo a stare in un mondo dove sempre più si avviano attività e si offrono servizi senza neanche più la necessità di aprire una vera e propria azienda o un grande ufficio. Grazie al web si forniscono servizi a basso costo sfruttando la capacità degli utenti di interagire e fare rete. Può essere una dimostrazione di questo il caso di Airbnb che, grazie alla sua capacità di mettere in comunicazione chi offre appartamenti e stanze in affitto con coloro che le cercano, ha dato vita ad un servizio ormai diffuso ed utilizzatissimo in tutto il mondo.

E non dimentichiamoci dello sviluppo dei social media che in questi ultimi anni hanno dato molte nuove opzioni per creare presenze su internet oltre ai tradizionali siti.

Oggi con una buona strategia di comunicazione e pubblicità attraverso internet ed i social media si possono raggiungere, a prezzi realmente vantaggiosi se non addirittura gratuitamente, i potenziali clienti sempre ed ovunque sui loro smartphone o sui loro tablet. Ma non tutti sono in grado di creare una strategia appropriata.

Le aziende che già da prima del "fatidico" 2008 erano su internet ed avevano un sito non sempre si sono poi trovate avvantaggiate dopo l'"esplosione" dei servizi via web. Ciò che conta non è essere su internet ma come si è su internet.

Essere su internet non vuol dire saper vendere: occorre sapersi posizionare ed essere autorevole

Ciò che è importante nel moderno vivere quotidiano sul web è come gli utenti, ossia i potenziali clienti, ti percepiscono. E' cioè necessario che l'idea che essi hanno su di te sia per loro positiva ed utile, fino a renderti l'unica opzione valida.

Non esiste brand o azienda che per quanto famosa sia possa fare a meno della giusta reputazione su internet. E se questo è valido un po' per tutti i media (TV, radio, giornali) sul web l'effetto è amplificato. Una notizia data in TV raggiunge milioni di telespettatori per pochi minuti, ma sul web ne raggiunge molti di più, prima e per lungo tempo mentre gli utenti stessi, oltre tutto, parlano tra loro esprimendo giudizi.

Avere una presenza sul web anche (e forse soprattutto) per fini pubblicitari o commerciali non è come affiggere un manifesto o una locandina promozionale al muro, ma è qualcosa di molto più elaborato e richiede un impegno costante. Su internet devi guadagnarti la giusta reputazione nella cerchia di tutti quei soggetti considerati in target per il tuo business. Devi soddisfare le loro necessità e devi quotidianamente parlare con loro. Devi saperti collocare nel giusto modo rispetto i tuoi potenziali clienti, devi trovare rispetto a questi la tua opportuna Brand Positioning.

E quindi necessario mantenere costantemente positiva la percezione ed il ricordo del proprio brand e dei propri prodotti sul web. Devi cioè curare la Brand Awareness della tua azienda per fare in modo che la rete la percepisca come l'unica scelta possibile.

Il fine ultimo del costante lavoro di posizionamento sul web sarà il renderti costantemente come la voce più autorevole, l'unica che vale la pena ascoltare.

Per rendere la voce autorevole occorre gestire quotidianamente ed in maniera opportuna i propri account sui social media, dialogando con fans e followers, occorre sopratutto pubblicare quotidianamente articoli sul proprio blog rispondendo ai commenti dei lettori, dando ai propri utenti la giusta percezione tuo brand.

Un utente soddisfatto dal rapporto che instaura con te sarà un cliente felice per l'acquisto fatto e molto probabilmente tornerà per nuovi acquisti, poiché ti considererà l'unico con cui vale la pena interagire. Ti sarai guadagnato una buona reputazione sul web ed avrai una presenza autorevole su internet.

E perché non vi siano spiacevoli sorprese dovute a clienti insoddisfatti o utenti che percepiscano il tuo brand o i tuoi prodotti come peggiori della concorrenza e che ne parlino male, può anche essere utile ascoltare la rete. Vedremo più avanti opportune pratiche per tenere sotto controllo quanto la rete dice.

Nel corso del capitolo 2 approfondiremo molti dei termini sin qui utilizzati per apprendere in maniera opportuna i concetti chiave di una giusta strategia di diffusione della percezione di un brand e del suo posizionamento nella rete.

L'importanza di educare il cliente attraverso

la lead generation

"Possiamo senz'altro definire l'educazione un'esortazione a superare il principio del piacere e a sostituirlo con quello della realtà."

Sigmund Freud, Formulazioni sui due principi dell'accadimento psichico, 1911.

Il cliente? Bisogna anche un po' educarlo…attraverso tecniche e azioni efficaci che lo attirino, lo affascinino e lo stupiscano. Educare il cliente è oggi un sentire comune per vendere e continuare a vendere e avere a disposizione azioni di marketing che funzionino è quanto mai necessario soprattutto quando si deve vendere un nuovo prodotto.

Hai mai sentito il grido del cliente "aiutami a comprare?": forse non lo senti ma il cliente in tutti i modi cerca di fartelo capire. E questo grido è tanto più forte quanto più forte è la sua "ignoranza" sul prodotto. Perché qualsiasi prodotto qualsiasi servizio deve essere spiegato.

Di conseguenza il processo di vendita si allunga e si complica e se commettiamo errori, rischiamo di pagarli cari. Il cliente ha un disperato bisogno di capire ed essere capito, di imparare a comprare. Vuole capire come funziona il prodotto e vuole fare scelte sensate.

Poniamo il caso che stiamo potenzialmente vendendogli un prodotto complesso (un mutuo, un prestito), a maggior ragione che non ha conoscenze specifiche, che senso ha riempirlo di informazioni tecniche?

Queste finiranno per confonderlo di più e per distrarlo rispetto all'obiettivo. Noi dobbiamo porci nel momento precedente alle informazioni tecniche, lo dobbiamo educate nel momento in cui deve essere messo in grado di capire e valutare le informazioni tecniche che descrivono il nostro prodotto.

È qui che si deve formulare in testa al cliente l'idea che la nostra offerta sia unica e superiore alle altre concorrenti. È qui che avviene quella che l'amico Giulio Marsala – imprenditore e marketer – definisce come "educazione del contatto, ovvero come indottrinare il potenziale cliente per prepararlo alla vendita".

Se non curiamo questa fase di educazione, intesa come formazione, il processo di vendita risulterà lungo e il cliente ci impiegherà parecchio tempo dalla fase di interesse a quella di acquisto...col rischio che se passa molto tempo si disaffeziona proprio nel momento cruciale in cui deve formarsi, documentarsi e capire.

In questa fase ogni azienda, qualsiasi bene o servizio venda, deve preoccuparsi di mettere in atto un processo di educazione e formazione del cliente, un processo di comunicazione dei propri prodotti e servizi per accelerare il processo di acquisto.

Perché vendere domani quando puoi vendere oggi? Perché far capire domani al cliente quello che, se adeguatamente educato e formato, può capire oggi? In tutto questo la lead generation può svolgere un ruolo fondamentale perché ad ogni problema può trovare una soluzione specifica e un obiettivo specifico: rendere più preparato il nostro cliente.

Se anche voi vi riconoscete nello scenario di un'azienda che ha bisogno di educare i propri clienti per velocizzare le vendite...vogliamo provare a vedere quanto la lead generation può fare per voi?

Acquisire nuovi clienti richiede le tecniche giuste, quelle tecniche idonee a formare un portafoglio di clienti realmente interessati ai servizi e ai prodotti proposti. Il valore aggiunto della lead generation è quello di lavorare "a monte" producendo una lista di clienti con forte propensione all'acquisto. La lead generation permette di strutturare in modo organizzato campagne finalizzate all'educazione del cliente. E un cliente adeguatamente educato è un cliente migliore perché compra e rimane soddisfatto.

Come devi organizzare il materiale formativo per il cliente migliore? Esponendogli in modo chiaro e univoco i vantaggi della tua offerta, evidenziando la differenza della tua offerta rispetto alla concorrenza ed evidenziando, in modo univoco, che valore ha la tua offerta.

In questa prospettiva la lead generation si configura, ancorché come un insieme di tecniche e strumenti, come una filosofia di vendita e gestione dei contatti commerciali. Non è una cosa che va lasciata al caso, perché quando si crea un processo strutturato, i risultati migliorano e le vendite sono più costanti.

La lead generation rientra nel processo di marketing educazionale, cioè quella branca nuova del marketing finalizzata alla creazione di un canale di comunicazione diretta con attività che il potenziale cliente recepisce come utili e formative. Con il marketing educazionale, ogni comunicazione è finalizzata a educare il cliente, fargli capire che sei lì anche per risolvere il suo problema e non solo per vendere.

Tu sei lì a proporre soluzioni che possono aiutarlo. Il valore aggiunto, rispetto a una visione del marketing – oramai superata – che guarda solo alle esigenze da soddisfare del cliente, è quella del cliente che ha sì delle esigenze ma ha anche dei problemi su cui tu, con la tua autorità nel settore e con la tua esperienza puoi intervenire per fargli avere il meglio.

Ancora non sei convinto che la strada per acquisire nuovi clienti sia il marketing educazionale?

Probabilmente la tua diffidenza risiede nel fatto che temi di dover metterti in cattedra...nulla di più sbagliato. Quello sarebbe il modo migliore per far scappare i clienti ancor prima che diventino tali. Il tuo compito è quello di dare tutte le informazioni per una scelta consapevole, informata e ragionata.

E in questa fase devi far capire al cliente che la sua attesa vale la pena, perché è finalizzata a ottenere un risultato migliore. E in questa fase devi entrare in empatia con il tuo potenziale cliente: così aumenti il tuo valore ai suoi occhi, dimostrando di essere competente con l'obbiettivo di costruire un rapporto di fiducia e credibilità posizionarti come esperto nel tuo settore e non come "venditore".

Finora abbiamo parlato di potenziale cliente, adesso abbiamo le competenze giuste e il lessico tecnico adatto per definirlo come vuole il marketing: il prospect, ovvero il potenziale cliente attivo interessato. Ma la lead generation lavora (con successo) ancora più a monte, con il lead.

Chi è il cliente lead? È il potenziale cliente che ancora non è entrato effettivamente nel processo di vendita. Con loro ancora non siamo entrati in contatto ma potrebbero essere interessati. Facciamo un esempio. Ipotizziamo che con la mia azienda di prodotti tipici abbia partecipato, lo scorso anno, a una fiera dell'agricoltura sostenibile, uno di quegli eventi che raggruppa tutti i produttori di specialità gastronomiche tipiche.

In quell'occasione supponiamo che abbia raccolto delle anagrafiche di clienti. Chiaramente sono i primi da contattare, ma non è assolutamente detto che siano interessati ai miei prodotti. Magari ha avuto occasione di conoscerci, è presente nel nostro database ma ancora non abbiamo un'interazione.

Il prospect invece è quello che durante la fiera si era avvicinato al nostro stand, aveva lasciato i suoi recapiti per essere contattato, aveva annusato e assaggiato i nostri prodotti. Con lui abbiamo già stabilito un rapporto interattivo, e si aspetta di costruire un rapporto più forte e solido.

Facciamo un altro esempio: se nel mio sito web c'è il form per richiedere di entrare nella mailing list – per ricevere informazioni di valore – il prospect è colui che lo ha compilato e quindi ha espresso la volontà di mettersi in contatto con noi, il lead è colui che ancora non lo ha fatto ma che comunque potrebbe essere interessato a ricevere quelle informazioni. Se volessimo collocare su una linea retta le due tipologie di clienti, il prospect si trova più avanti e più vicino al momento decisivo di acquisto, ha un'idea chiara di chi siamo e cosa offriamo, il lead sta un passettino indietro: il suo desiderio non è ancora abbastanza forte e ancora non si è tramutato in interesse.

Il lead, in effetti, non ti conosce. Sei tu che conosci lui ma lui non sa nulla di te, del tuo prodotto, del tuo servizio, della tua competenza. Sei tu che devi fare il primo passo e passare a un atteggiamento più costruttivo.

Non girare attorno al dilemma "evitare o affrontare?" perché in un angolo della tua mente sai qual è la verità: devi essere tu a farti avanti se vuoi spingere le tue vendite in alto. Devi fare in modo che tutto finisca bene: stai trasmettendo un messaggio di fiducia non una bomba a mano!

Sei scettico? Più che comprensibile. Le situazioni sono complesse e i clienti coinvolti non sono facili da trattare. Magari ti stai chiedendo come è possibile che una tecnica di vendita possa cambiare le cose?

Ci sono senz'altro dei limiti a ciò che si può imparare da una tecnica di vendita in materia di interazione tra esseri umani. Per quanto in questo momento non sappiamo quale sia la tua posta in gioco o in cosa consistono i tuoi punti di forza e di debolezza nella vendita, ci sentiamo di dirti che, a prescindere dal contesto, le cose che rendono difficoltose il rapporto con il cliente e gli errori mentali e fattuali di cui sono impastate queste difficoltà sono sempre gli stessi.

Tutti nutriamo le stesse paure e cadiamo nelle stesse poche trappole, ma a prescindere dal problema o dal potenziale cliente che si ha davanti, da una tecnica di lead generation non c'è di che trarre giovamento. È vero che, per quanto preparati e bravi si diventi, è improbabile che certe situazioni migliorino.

Le persone coinvolte possono essere talmente turbate o disturbate, la posta in gioco talmente elevata e il conflitto così intenso che è difficile che una tecnica di lead generation possa servire.

Per ogni caso davvero senza speranza ce ne sono però migliaia che appaiono senza speranza ma non lo sono. Dobbiamo essere in grado di trovare la strada per cambiare, che sfocia in un impatto positivo e rilevante sulle nostre performances aziendali. Dobbiamo essere pronti a impegnarci, e reimpegnarci fino in fondo in una situazione o in un rapporto anche difficile.

Da lead a cliente…come fare? Il lead è un'opportunità straordinaria di vendita e sulla sua propensione all'acquisto che dobbiamo concentrare gli sforzi commerciali. Quanti dei lead generati si trasformano in vendite effettive per l'azienda? In genere, il tasso di conversione varia tra il 3 e il 10%: fatto 100 il numero di potenziali clienti che si sono qualificati (lead), tra i 3 e i 10 diventeranno nuovi clienti. La performance di una campagna di Lead Generation, però, dipende da numerose variabili.

Tra queste, il target selezionato, il messaggio e l'offerta, il canale utilizzato, la meccanica della campagna, il follow up da parte della forza vendite. La conversione in vendita sarà più o meno elevata in funzione di come questi elementi sono combinati tra loro.

Nessuno è escluso in questa fase ma è chiaro che l'area marketing e l'area vendite sono maggiormente coinvolte e devono essere coordinate fra loro: si calcola che ben l'80% degli sforzi in fase di marketing per generare lead è sprecato e ignorato dall'area vendite. Ancora una volta bisogna incidere sulla responsabilizzazione nella fase a monte (lead generation e lead nurturing) e a valle (lead management).

Il lead nurturing

La lead generation inizia qui, in questa fase di cura amorevole, di coltivazione dei contatti (to nurture, dall'inglese coltivare). Con la stessa premura di chi coltiva un orto, dovremmo imparare qui ad acquisire e gestire i contatti, semi di vendita futura.

Una volta raccolti i dati (lead capture) e assegnati punteggi (lead scoring) è arrivato il momento di pensare a una strategia mirata che si concentri su quei lead interessati ma che ancora non sono pronti all'acquisto. Tra il dire e il fare c'è di mezzo il mare e tra il capturing e lo scoring anche: tra la potenzialità di vendita e l'effettiva conclusione di vendita c'è una bella differenza. Non voglio scoraggiarti con queste parole ma voglio dirti se i lead non sono qualificati è difficile che si traducano in business. Bisogna concentrarsi sui contatti validi e investire su di essi: i rami secchi – quelli che non hanno alcun interesse per il prodotto/servizio offerti – vanno tagliati. Si deve lavorare solo su quei rapporti che possono effettivamente funzionare e far crescere le nostre vendite.

Il lead nurturing deve partire da qui e deve caratterizzarsi come tecnica in linea con il CRM: coltivare il potenziale cliente significa informarlo, orientarlo, educarlo, saper aspettare che sia pronto a effettuare un acquisto. L'obiettivo del nurturing non è vendere, ma informare, fornirgli spunti utili, costruire con metodo e passione una relazione a due vie in modo che il cliente non si senta un soggetto passivo che subisce le nostre pressioni alla vendita ma piuttosto come un soggetto attivo che compartecipa al processo di vendita, tutto qui.

Il lead nurturing deve mirare, non ci stancheremo mai di ripeterlo, a informare: è in questa fase che si inviano newsletter, si fanno campagne di e-mail marketing; deve mirare al contatto diretto con del personale qualificato e cortese che rilascia informazioni e materiale sui prodotti/servizi; deve mirare all'interazione tramite i social networks, i blog, i questionari online, vera e propria miniera di informazioni e feedback utili.

È indubitabile che con i social media sia molto più semplice capire e comprendere quali potrebbero essere i contatti da curare (basti pensare alla profilazione che può restituire un profilo pubblico su Facebook) e quali invece non è conveniente portare avanti.

Lead nurturing process

Ricordate il ciclo di fidelizzazione del cliente di cui parlavamo poco prima? Bene, prima dell'acquisizione del cliente ci piazziamo con la nostra attività di lead nurturing e spieghiamo – ancora una volta tramite un ciclo – quello che accade a monte dell'effettiva acquisizione di un cliente.

Dal lead al cliente

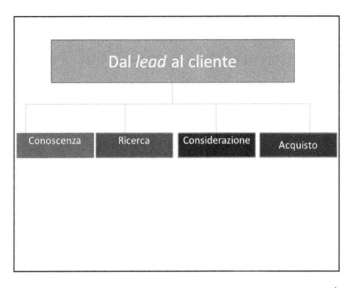

(1) Conoscenza: è il primo passo del ciclo d'acquisto. È la fase in cui il potenziale cliente viene a conoscenza del tuo prodotto/servizio ed è importante che tu gli fornisca le informazioni giuste per attirare la sua attenzione;

(2) Ricerca: oggi gli utenti vanno in rete e tramite recensioni, commenti e forum vengono a conoscenza, immediatamente, del tuo business. In positivo o in negativo si fanno un'idea di te e del tuo prodotto. Qui devi agire affinché la tua reputazione sia buona e rispondente al vero;

(3) Considerazione: è il momento in cui il potenziale cliente prende in considerazione quello che offri. Già ti ha valutato e ti reputa idoneo a soddisfare i suoi bisogni;

mentre tu non sai ancora nulla di quello che sta succedendo nel suo cervello e del dialogo interno che sta facendo.

(4) Acquisto: il cliente ti sceglie e se la tua strategia di lead nurturing sta avendo efficacia, riuscirai a capire quando e come il cliente entra in questa fase.

A questo punto non mollare la presa! C'è tutta una fase post-acquisto che non devi sottovalutare ma continuare a curare. Il rapporto con il cliente non finisce con l'acquisto!

Devi in modo continuativo dimostrare di essere diverso dalla concorrenza. Facciamo un esempio: se il tuo business è vendere prodotti ecologici (ad esempio prodotti per l'igiene domestica o della persona), chiaramente sai che nella clientela c'è l'opinione diffusa che i prodotti a basso impatto ambientale siano molto costosi. Dovrai elaborare un'adeguata campagna di promozione del tuo prodotto, realizzare sistemi e strutture per gestire in modo efficiente il tuo business:

1.   Gestire database sui propri prodotti, componenti e materiali impiegati nella produzione;

2.   Costruire sistemi di valutazione basati sulle più recenti informazioni ambientali che possono riguardar i

propri prodotti;

3. Elaborare previsioni sulle nuove tendenze future e promuovere ricerca e sviluppo di prodotti e tecnologie di produzione a sempre più basso rischio ambientale.

Non sarà facile, ma dovrai organizzare una campagna (blog, newsletter, etc.) che vada a colpire favorevolmente al tuo target ovvero a quei consumatori sensibili all'inquinamento e agli impatti sui comparti ambientali (aria, acqua, rifiuti, etc.). Quanto più specifico è il tuo business, tanto più devi dimostrare di essere esperto (continuando su questo esempio, molti consumatori, ad esempio, vorranno sapere cosa sia un marchio Ecolabel) e più riceverai consensi in termini di vendite.

In definitiva il lead nurturing ci indica la strada per costruire una relazione stabile con i contatti (leads) per aumentare le vendite. A loro la nostra azienda e i nostri prodotti devono apparire unici: è una fase che genera valore se dalla generazione dei contatti porta alla vendita vera e propria.

L'obiettivo è stabilire un contatto velocemente: più il contatto è vecchio, più è possibile che non si tramuterà mai in una vendita. Ad esempio se un utente ha iniziato a visitare il nostro sito e a vedere le nostre offerte ma poi ha smesso di farlo, è probabile che non sia più interessato alla nostra attività commerciale.

Posizionarsi per primi nella mente del consumatore ci farà acquisire maggiormente fiducia: è più probabile che l'utente – al primo contatto – pur non sapendo chi siamo, verrà poi a trovarci...ma se non facciamo nurturing, ci bruciamo la possibilità di dimostrare di essere bravi ed esperti.

Educare l'utente per renderlo acquirente

Considerando che sul web ogni giorni "si muovono" centinaia di milioni di utenti, la tua strategia di comunicazione, pubblicità e vendita dovrà avere il fine di intercettare alla fonte gli utenti rientranti nel tuo target e conquistarti la loro fiducia fino a convincerli che i tuoi prodotti sono gli unici giusti e condurli a comprare il tuo prodotto/servizio , se hai come obiettivo di conversione la vendita, oppure a lasciare i loro dati sull'apposito modulo presente sul tuo sito, se hai come obiettivo la generazione di lead.

Riprendendo l'idea di funnel delle vendite, già accennata nell'introduzione, sarà necessario che tutti gli utenti che entrano nel tuo funnel vengano "educati" a percepirti come l'unica scelta valida, in maniera tale da essere sempre più propensi a percorrere le successive fasi del viaggio verso l'acquisto (o l'iscrizione o qualunque altro obiettivo tu abbia preso in considerazione). La conversione sarà ottenuta con un percorso attraverso un insieme di step successivi che porteranno l'utente generico a simpatizzare per il tuo brand e/o i tuoi prodotti, ad interessarsi a questi, a conoscerli ed a decidere di acquistarli o a compilare il modulo per la richiesta di un tuo servizio.

Quando l'utente generico entrato nel tuo funnel sarà adeguatamente "caldo" diverrà un utente profilato, ossia avrai di lui tutti i dati che ritieni opportuni e cesserà di essere un anonimo contatto. Questo può avvenire nell'ultimo gradino del funnel quando si effettua l'acquisto compilando tutti i campi necessari a tale scopo, ma può anche avvenire prima, magari in cambio di un download o per effettuare operazione di ricontatto da parte tua così da continuare il processo di educazione per altre vie.

Quale sia il susseguirsi degli step attraverso il funnel è da stabilire in funzione di quello che riterrai più utile per intercettare gli utenti rientranti nel tuo target e conquistarti la loro fiducia . Dato un percorso tipo e valido in generale per tutti (che approfondiremo nei prossimi capitoli) starà poi a te adeguarlo al tipo di utenti che "frequentano" il tuo funnel.

Sarà un po' come per un insegnante che si rivolge ad una classe, date le nozioni da spiegare che sono sempre uguali, le dovrà adattare nella maniera in cui sia più opportuno per rendersi più comprensibile e accattivante verso gli alunni così da poterli educare al meglio a conseguire il giusto obiettivo.

Nel momento in cui avrai raggiunto l'opportuna autorevolezza ponendoti come l'unica scelta giusta per i tuoi utenti ed avrai condotto questi all'interno del tuo funnel, realizzato a dovere, avrai realizzato un portentoso sistema di generazione dei lead che ti permetterà di aumentare i tuoi clienti.

Sintesi

Con l'avvento della crisi, nel 2008, si distruggono alla base gli equilibri che si erano costruiti negli anni precedenti. Le aziende licenziano e chiudono, le persone non hanno più molti capitali a disposizione e riducono i consumi. Mancano i posti di lavoro, si entra in deflazione e l'economia ristagna.

Ma all'incirca nello stesso periodo si pongono le basi allo sviluppo di una nuova forma di mercato, basato prevalentemente sul web e sul mondo digitale.

L'evoluzione di internet, lo sviluppo di piattaforme di social network e di online advertising e la diffusione di dispositivi che permettono di restare connessi sempre ed ovunque spalancano le porte all'economia 2.0.

Avere semplicemente un sito web o un account su un social network, però, non serve a nulla, occorre saper presidiare il web con le giuste strategie, occorre posizionarsi adeguatamente rispetto i potenziali clienti ed apparire ai loro occhi sempre autorevoli.

E' necessario dare agli utenti la giusta impressione riguardo il proprio brand o i propri prodotti ed educarli in maniera opportuna a riconoscere il proprio prodotto come l'unico valido, così da convincerli ad intraprendere il viaggio attraverso il proprio funnel fino alla conversione.

CAPITOLO 2

CONOSCERE, POSIZIONARSI, FARSI CONOSCERE ED INTERESSARE

Conoscere i tuoi potenziali clienti: stabilire

uno o più target

Nelle pagine precedenti abbiamo analizzato la situazione d'insieme che si è venuta a creare a livello economico e di mercato ed a livello di possibilità offerte dal moderno mondo digitale.

Adesso inizieremo ad entrare nel dettaglio dell'analisi dei comportamenti più adatti a realizzare la tua migliore strategia di comunicazione, pubblicità e vendita per attirare un utente generico dentro il tuo funnel e convertirlo in un lead profilato e quindi un cliente.

Il primo passo per chiunque voglia affrontare seriamente un mercato, sia fisico che digitale, è quello di conoscere al meglio i propri potenziali clienti.

Come già detto in precedenza, nel web oggi navigano centinaia di milioni di utenti ma non tutti saranno attratti dal tuo brand o dai tuoi prodotti o dai tuoi servizi. Questo è dovuto al fatto che nel momento in cui offri un prodotto o un servizio prometti di soddisfare un bisogno in cambio di un compenso e non tutti gli utenti hanno gli stessi bisogni, quindi soltanto coloro che percepiranno tuo prodotto o il tuo servizio come l'unico utile a soddisfare il loro bisogno decideranno di acquistarlo.

Ogni utente fa, in maniera più o meno consapevole, un analisi e sceglie il prodotto o il servizio che gli permette di soddisfare al meglio il proprio bisogno.

In realtà il principiò è lo stesso che si adottava decine di anni fa nei mercati di quartiere quando tra le varie bancarelle si sceglieva la mela che appariva come la più buona al prezzo migliore. Ed è anche lo stesso principio che, in epoca più recente, si usava (e ancora oggi si usa) nei grandi centri commerciali dove si passano intere giornate a provare e riprovare indumenti in cerca di quello che ci sta meglio ed al costo in offerta.

Oggi tale principio ha trovato un ambito di applicazione che va ben al di là dei confini (comunque grandi) di un centro commerciale. Oggi l'analisi costi/benefici la si fa su internet mettendo a paragone anche migliaia di possibili beni o servizi acquistabili dello stesso tipo.

Il tuo obiettivo numero uno sarà quindi quello di conoscere il target a cui riferirti all'interno della moltitudine degli utenti del web.

Dovrai segmentare i potenziali clienti in target ben definiti ed il più possibile omogenei rispetto alle caratteristiche che riterrai più idonee.

La segmentazione potrebbe essere di carattere meramente geografico, poiché ad esempio hai un piccolo negozio in una certa città e la tua pubblicità online sarà rivolta solo agli utenti che cercano i prodotti che vendi in questa città.

La segmentazione potrebbe anche avvenire in base alle capacità di spesa dei potenziali clienti, poiché magari vendi oggetti di lusso su un e-commerce per cui preferirai rivolgerti a coloro che possono permettersi alti livelli di spesa, oppure, al contrario, vendendo online beni low cost preferiresti rivolgerti ad un pubblico senza troppe pretese.

Ciò che conta, come già detto, è trovare la giusta corrispondenza tra quanto tu offri e quanto gli utenti cercano, potrebbe cioè essere ridicolo andare a vendere ghiaccioli al Polo Nord!

Se hai già un'attività avviata sarà ovviamente più semplice capire quale tipo di target rappresentano i tuoi potenziali clienti. Se sei alle prime armi e non sai ancora verso chi ti rivolgerai sarebbe utile fare un'analisi a riguardo prima di "buttarti" nel mercato. Se non disponi di grandi mezzi per effettuare le analisi prova con il metodo più semplice ed economico: l'osservazione dei potenziali concorrenti.

Se vendi ghiaccioli "studia" i siti web dei principali produttori di ghiaccioli e cerca di capire quale è il loro modo di comunicare e verso chi. Analizza i loro account social per vedere i volti ed i nomi dei loro followers e cerca di creare una sommaria descrizione di quello che potrebbe essere il loro target ideale, il tuo differirà soltanto per quelle caratteristiche che il tuo prodotto ha di diverso rispetto alla concorrenza. Cioè se ad esempio i tuoi ghiaccioli sono artigianali costeranno probabilmente di più di quelli dei tuoi concorrenti realizzati industrialmente, ciò vuol dire che il target dei concorrenti sarà valido anche per te relativamente a quanti saranno disposti a spendere qualche euro di più.

In ultimo prova a prendere un foglio bianco ed a creare una descrizione quanto più possibile accurata di coloro che potrebbero rientrare nel tuo target. O uomo o donna, oppure entrambi, giovani o vecchi e se giovani 25-35 anni oppure se vecchi 65-75 anni, ecc... .

Quanto più sarà dettagliata e corrispondente effettivamente alla realtà la descrizione che riuscirai a fare del tuo target tanto più semplice sarà capire a chi ti stai rivolgendo e quale linguaggio adottare.

Il fine ultimo di tutto questo è, non lo dimentichiamo, identificare nella migliore maniera possibile il target verso cui rivolgere le tue vendite ed i tuoi servizi. Conoscere al meglio gli utenti rientranti nel tuo target vuol dire poter avere una buona certezza che i tuoi prodotti ed i tuoi servizi siano quelli giusti a soddisfare le loro necessita e ad adottare le giuste strategie comunicative e pubblicitarie per farti comprendere e farti scegliere.

Ottenere la profilazione di un lead e renderlo un cliente fedele che torna più volte a fare acquisti o a compilare i moduli per richiedere i tuoi servizi è un percorso lungo, come già accennato parlando del funnel, che ha come primo è fondamentale step il farsi conoscere nel giusto modo dal giusto target.

Una volta individuato il giusto target sarà quindi necessaria la giusta strategia di comunicazione perché il tuo brand ed i tuoi prodotti possano essere percepiti come l'unica scelta valida.

I processi psicologici fondamentali: I processi decisionali d'acquisto

"La scienza della psicologia è fondamentalmente un esercizio di immaginazione."

Edward Glover

Lo studio del comportamento di consumo di un prodotto, bene o servizio che sia, è una necessità imprescindibile per l'azienda o il professionista che intenda adottare o mantenere l'orientamento direzionale al marketing nel rapporto con il suo mercato di riferimento.

Tale comportamento può essere definito come l'insieme di attività che un individuo svolge nella ricerca, acquisto, utilizzo, valutazione e post-utilizzo di beni e servizi al fine di soddisfare i propri bisogni (Schiffman e Kanuk, 1991). Un consumatore non consuma a caso: dietro il suo processo d'acquisto vi sono processi razionali, emotivi, psicologici, che variano nel tempo e a seconda della complessità del prodotto, dell'individuo e della situazione.

Molti sono i fattori psicologici che influenzano il comportamento d'acquisto, ma i principali sono: motivazione, percezione, apprendimento, opinioni e atteggiamenti. Un individuo ha molti bisogni in ogni momento, alcuni sono fisiologici altri psicologici. Un bisogno diventa un motivo quando emerge a un sufficiente livello di intensità.

Gli psicologi hanno sviluppato diverse teorie sulla motivazione umana: tra le più popolari, la teoria della motivazione di Maslow, psicologo statunitense che ideò nel 1954 una gerarchia dei bisogni umani nota, per l'appunto, con il nome di piramide di Maslow.

Maslow divide i bisogni in cinque categorie: a partire dai più elementari – alla base della piramide – a quelli più complessi, al vertice della piramide stessa.

-Bisogni fisiologici (riguardano la nostra sopravvivenza);

-Bisogni di sicurezza, protezione, tranquillità;

-Bisogni sociali di appartenenza (amore, accettazione);

-Bisogni di stima, prestigio, successo;

-Bisogni di realizzazione(autorealizzazione).di Sé

Le principali critiche sono state mosse al Maslow proprio per il funzionamento semplice e sequenziale della scala dei bisogni. L'obiezione principale, infatti, è in ordine al fatto che l'impostazione è meccanicistica e rigidamente preordinata: il passaggio da uno stadio all'altro si avrebbe soltanto dopo aver soddisfatto il bisogno precedente.

Un contesto critico più ampio si pone alcune riflessioni riguardo alla tipologia di bisogni: esistono solo questi individuati dal Maslow o possono essere definite ulteriori categorie? Inoltre, c'è la possibilità che due o più bisogni possano essere soddisfatti contemporaneamente?

Al di là di queste critiche condivisibili, secondo il mio punto di vista è fondamentale capire la psicologia d'acquisto: capire cosa spinge le persone a comprare è il segreto di successo di qualsiasi tipo di business.

Se vogliamo fare un buon marketing, dobbiamo anche provare a capire se il prodotto/servizio è effettivamente desiderabile, se incontra i bisogni dell'acquirente e se per quest'ultimo rappresenta un buon acquisto. Non è facile affatto: l'equilibrio è delicato e se in un rapporto tale viene meno la fiducia anche solo da una parte, è difficile che si possa recuperare.

Entrano in gioco fattori personali (età, sesso, reddito, istruzione, occupazione, etc.) che influenzano le scelte d'acquisto. Si tratta di variabili demografiche ed economiche riferite alla situazione individuale, la personalità, l'atteggiamento, lo stile di vita. Le caratteristiche dei consumi variano in relazione all'età, al sesso, al reddito, al livello d'istruzione, all'occupazione.

Diverse combinazioni di questi elementi identificano diverse personalità. Ma voglio darti la creme della creme, nell'ambito della psicologia d'acquisto molto utile è il concetto di sé: ogni soggetto crede di essere qualificato da un insieme di caratteristiche che creano l'auto-immagine del soggetto, cioè l'immagine che ha di sé. Le persone che riescono a conoscere se stesse sono poche, è più frequente come la persona vorrebbe percepirsi (il concetto di sé ideale) e a questo ideale la persona cerca di avvicinarsi; rispetto al concetto di sé ideale, un orientamento più realistico e utile ai fini della comunicazione del prodotto/servizio, proviene dal concetto di sé atteso (come una persona si attende di percepire se stesso in futuro). La lead generation può utilmente impiegare le varianti del concetto di sé per segmentare i profili e posizionare il prodotto; si cerca di individuare gruppi di individui che manifestino una self image simile, nell'assunzione che i loro comportamenti nel mercato siano relativamente omogenei, e quindi possano essere presi in considerazione per diventare il target perfetto.

Si assume che il cliente preferisca prodotti/servizi che meglio incontrino l'immagine che ha di sé: il soggetto che possiede un'alta self image, probab4ilmente cercherà prodotti di elevata qualità che, in altre parole, sentirsi "figo" acquistando quel tipo di prodotto.

Quando un cliente desidera cambiare la sua immagine,

l'intero modello dei suoi acquisti può risultarne cambiato; è una minaccia che un'adeguata profilazione può trasformare in opportunità. Ad esempio gli annunci promozionali delle beauty farm possono rivelarsi efficaci sul target di coloro che vogliono cambiare la propria self image.

Un marketing efficace non serve a motivare il cliente ad acquistare, ma a far sì che il cliente percepisca che quel prodotto soddisferà i suoi bisogni. La percezione è il processo attraverso il quale l'individuo seleziona, organizza e interpreta gli stimoli esterni in modo da crearsi una visione del mondo dotata di senso.

Creare un desiderio non significa certamente essere sicuri di concludere la vendita, poiché ci sono altri fattori razionali che influenzano il visitatore nel compiere l'acquisto, (il BRAND POSITIONING ovvero essere posizionati il numero uno nella mente del potenziale cliente)

Il Brand Positioning è la chiave segreta del marketing

Al mondo d'oggi siamo letteralmente inondati dalle informazioni. Basti pensare che le recenti statistiche del settore (dai risultati davvero scioccanti!) hanno stabilito che nel numero di un quotidiano come può essere il New York Times ci sono più informazioni di quante un uomo di media cultura del 17mo secolo potesse sperare di imparare in tutta la sua vita. E parliamo "semplicemente" di un quotidiano. Che dire della televisione e del mondo del web, praticamente illimitato e sconfinato? Basti pensare che ogni secondo, in media, si apre un nuovo blog, si scrivono 25 post, si inviano quasi tre milioni di e-mail, ci sono 10 nuovi video su youtube...

Sbalorditivo, eh?

Ma c'è di più. Pensa che una persona di livello culturale medio trascorre 2 ore al giorno tra mail e sms, 20 minuti in media su Facebook a cui è ovvio vanno aggiunte le ore dedicate al lavoro, allo sport, al tempo libero, alla famiglia, alla spesa, ai pasti, alle commissioni da sbrigare e via dicendo. Quanto tempo resta alla gente per leggere i tuoi messaggi promozionali e di marketing, compararli a quelli dei concorrenti e scegliere proprio te come brand preferito? Direi davvero pochissimo tempo, forse nulla.

Esistono al mondo troppi prodotti, siamo invasi da un'offerta sovrastante e assolutamente al di sopra della nostra capacità di valutazione. Sai quanti prodotti in media hai acquistato in rotazione al supermercato per la tua casa e la tua famiglia? Non più di 100 tipologie diverse. Sì esatto prova a riempire un carrello stracolmo di tutti i prodotti che usi abitualmente, vedrai che non andrai oltre questo numero. Sai quanti ce ne sono in un supermercato di medie dimensioni? Più o meno 10.000.

E la soluzione adottata dalla quasi totalità delle aziende per farsi notare e far notare i propri prodotti qual è? La pubblicità. Vale a dire ancora più informazioni. Informazioni su informazioni. Nel campo pubblicitario parliamo di un giro d'affari da capogiro, ma pensa: su una spesa pubblicitaria di 10 miliardi di euro, se anche tu ne spendessi 1 milione (!) di euro, rappresenteresti lo 0,01% del totale. Che dire? Davvero c'è un problema di marketing che va risolto con urgenza.

C'è un modo di risolvere il problema in questo mondo che cambia e questo grazie al brand positioning. Un'attività di marketing che non si fa in azienda, non si fa in ufficio o in negozio ma nell'unico posto dove può sortire gli effetti desiderati: nella mente del consumatore. In fondo chi decide le operazioni d'acquisto e condiziona davvero il comportamento del tuo potenziale cliente? Solo la sua mente.

Il marketing è paragonabile ad una battaglia tra due concorrenti ma ovviamente non avviene nel tuo punto vendita: avviene nella mente del cliente. Fare proprio questo concetto, afferrarlo nella sua essenza e studiare un manuale per imparare a metterlo in pratica è l'unica ancora di salvezza per il tuo brand, in un mondo che sta cambiando.

Un mondo che ha sempre più informazioni, prodotti, pubblicità per persone che hanno sempre meno tempo e oggi, a causa della crisi economica, anche meno soldi da spendere e quindi una bassissima propensione al rischio, perché i soldi non bastano mai e quando si decide di spenderli le persone preferiscono "andare sul sicuro", consapevoli e certi di aver compiuto la scelta giusta. Che è quella di acquistare i prodotti giusti.

Questa nuova realtà in grado di cambiare la prospettiva della tua azienda e la direzione dei tuoi affari si chiama brand positioning. Ma cosa significa brand? E cosa significa positioning?

Cosa è il Brand Positioning

Il nome brand significa marchiatura. In origine era la tipica marchiatura a fuoco (che oggi è stata sostituita dal tatuaggio o dal laser) che si utilizzava sui capi di bestiame per distinguerli da quelli di un altro allevatore. Allo stesso modo il nostro brand, quello che contraddistingue i nostri prodotti o servizi, serve a distinguerli da quelli degli altri concorrenti ma anche a renderli più interessanti, rilevanti e attraenti.

Il concetto alla base del brand positioning è proprio questo: non basta avere un logo bello o una frase ad effetto (claim) per avere automaticamente un brand. Il brand (tieni ben a mente questo concetto perché sta alla base del concetto di brand positioning e ti guiderà lungo tutta la tua strategia di marketing e posizionamento) rappresenta il tuo valore aggiunto, ciò che ti rende differente (e quindi preferibile rispetto agli altri, i tuoi concorrenti). È la tua promessa nei confronti del cliente. La tua soluzione (la miglior soluzione) al loro problema.

Tutto ciò che viene dopo, che ne scaturisce, la comunicazione aziendale, i messaggi promozionali, il marketing non fanno altro che comunicare questa differenza e questa promessa in modo continuo e coerente. Grazie al brand positioning avrai a disposizione un modello per poter entrare nella mente del tuo cliente: secondo questo modello ogni cliente, per ogni categoria di prodotto, ha nella mente una scala di brand tra cui scegliere. Ecco tu devi entrare a far parte di questa scala. Possibilmente al gradino più in alto. Devi diventare il brand leader.

Perché fare Brand Positioning

Il brand positioning è la scienza che aiuta a costruire l'unicità di un prodotto/servizio, il metodo che ti aiuta a creare messaggi di marketing efficaci, per aumentare al massimo le possibilità di promuovere il tuo brand. Come deve essere un messaggio di marketing per essere efficace e cioè entrare nella mente del tuo potenziale cliente? Deve essere chiaro, unico e semplice. (Vedremo in seguito cosa vuol dire nello specifico quanto enunciato e vedremo anche come elaborare questo genere di messaggio e attraverso quali tecniche).

Ma per capire come riuscire a far entrare questo genere di messaggi nella mente dei clienti, dobbiamo capire innanzitutto come funziona la mente. In linea generale ovviamente ma tenere a mente questo tipo di concetti ti aiuterà ad affilare le tue tecniche e migliorare la tua strategia di brand positioning.

La mente è limitata: questo vuol dire che è in grado di gestire una quantità "limitata" di informazioni e di conseguenza filtra, filtra di continuo e mantiene o ciò che è già simile a ciò che conosce o ciò che è completamente nuovo e rivoluzionario.

La mente respinge e rifiuta la confusione: se vuoi entrare nella mente devi fornire un'ancora al tuo cliente e fare in modo che ti associ (o meglio associ i tuoi prodotti o servizi) a qualcosa che già conosce. I luoghi comuni in questo caso funzionano benissimo. Dire che sei un'azienda giovane e tecnologicamente avanzata va bene, è un concetto coerente, che "sta in piedi" e che per il cliente è degno di fiducia (non ha diffidenza, non scatta sulla difensiva, non alza barriere).

La mente evita il rischio: sì è proprio così e non solo il rischio economico. Siamo in un periodo di ristrettezze economiche e quei soldi a disposizione devono essere spesi bene, non si può correre il rischio (appunto!) di sprecarli. Ma oltre al rischio economico ci può essere anche il rischio di tipo:

1. funzionale: compro una cosa ed è troppo difficile da usare. È uno spreco.

2. fisico: la compro ma mi faccio male o qualcuno della mia famiglia rischia di farsi male

3. sociale: compro una cosa che so già i miei amici non apprezzeranno (o mi derideranno)

4. psicologico: compro questa cosa ma so già che mi sentirò a disagio

La mente odia cambiare idea: è così e se vuoi che la tua strategia di marketing funzioni, non farlo. La gente va sul sicuro e compra quello che comprano gli altri. Ti spiegherò in seguito questo fenomeno di massa, le ragioni di questo tipo di comportamento e le soluzioni per poter affrontare e superare questo tipo di ostacolo. Per ora ti anticipo che sarai in grado di farlo facendo leva e forza proprio su questi luoghi comuni e su queste abitudini così radicate, trovando la tua idea differenziante e a focalizzare il tuo marketing come un laser per fare centro.

Il posizionamento di marca risolve tutti questi problemi e propone soluzioni concrete da poter mettere in pratica a partire già da domani. Col brand positioning impari a sostenere i tuoi margini, ad arginare la richiesta di sconti e a facilitare le tue vendite. Vendendo ad un prezzo più alto.

Perché oggi il Brand Positioning è così importante

C'è troppa informazione, siamo letteralmente bombardati dalle informazioni provenienti dalla televisione, dai giornali e da quel mondo senza confini che è il web. Ma il punto è: si tratta davvero di informazione o c'è anche tanta pubblicità, tanti messaggi promozionali che invadono le nostre giornate senza neppure che ce ne accorgiamo?

Cosa è l'informazione? È un dato che ti porta a conoscenza di un fatto e risolve un'incertezza. Ti aiuta a capire, ti dà più elementi per poter fare chiarezza. E quindi internet possiamo affermare senza timore di smentita, non risolve affatto questa incertezza. Non è informazione. E allora cosa fa la mente umana per gestire questo bombardamento quotidiano? Soprattutto se consideriamo il fatto che nell'arco di una giornata un individuo deve anche lavorare, dormire, dedicare del tempo ai pasti, sbrigare commissioni, occuparsi della famiglia e dei figli e idealmente trovare anche un po' di tempo libero per gli amici, lo sport o l'hobby preferito.

Come si difende la mente umana? Filtra. Necessariamente. Obbligatoriamente. Perché per quanto è vero che, è dimostrato scientificamente, noi utilizziamo solo il 10% delle potenzialità del nostro cervello, è altrettanto vero che non riusciamo ad espandere queste capacità: quindi le nostre possibilità di gestire le informazioni e di memorizzarle, la capienza in memoria è sempre la stessa. Ed è per questo motivo che la mente ha bisogno di filtrare i messaggi che riceve, tenendone per sé solo alcuni e utilizzando dei criteri di selezione piuttosto standard (che in seguito analizzeremo).

L'altro problema a cui andiamo incontro tutti i giorni, e che è obiettivamente riconoscibile, è che oggi c'è troppa scelta. L'esempio del supermercato medio con 10 mila prodotti differenti è lampante: una famiglia media ne compra e consuma non più di 100. E il problema è che non è vero che più c'è scelta e meglio è. Anzi a volte il contraccolpo psicologico potrebbe essere quello di andarsene. Quante volte è capitato di entrare in un grande ipermercato o in un centro commerciale e uscire a mani vuote esclamando: "che grande confusione che ho in testa!".

Proprio in uno di questi supermercati una volta è stato fatto un esperimento davvero emblematico. L'obiettivo era vendere dei vasetti di marmellata. Una promoter prende un carrello e ne mette dentro 25 tipi differenti, l'altra promoter ne sceglie solo 10 per la degustazione. Tutti pensiamo che avendo più scelta il cliente avrebbe sicuramente preferito acquistare dalla prima promoter, giusto? La ragazza molto volenterosa comincia ad illustrare ai clienti di passaggio tutti i gusti che ha disposizione elencandoli di volta in volta tutti e venticinque di seguito. Risultato? Clienti confusi, indecisi che la lasciavano dicendo che avevano bisogno di rifletterci su. L'altra promoter invece con soli 10 vasetti riusciva ad orientare maggiormente il cliente, con il risultato di essere riuscita a vendere alla fine della giornata tutta la fornitura.

Un ulteriore esempio è legato al mercato dell'editoria. Ogni anno vengono stampati più di 55 mila libri e di questi una volta immessi sul mercato, ben l'80% non raggiunge le 100 copie. Esatto, 100. Se consideriamo il blocco di partenza stampato dall'autore per il lancio promozionale, le presentazioni nelle librerie, gli omaggi a parenti ed amici, ecco il conto è presto fatto. Questo vuol dire in realtà che non c'è un mercato ma ogni mese escono quasi 5 mila titoli nuovi! Come fa la mente umana a gestire questo carico e a conoscere il nuovo?

Il marketing ha obiettivamente un problema. Ma le cose stanno cambiando, anzi lo scenario è già cambiato notevolmente, perché esiste una soluzione che ha ridefinito le strategie di marketing ed è il brand positioning.

Non posso cominciare a parlare di Brand Positioning senza prima accennarti brevemente quali sono le origini di questa vera e propria scienza (sì per me è così). I fondatori del Brand Positioning sono Jack Trout e Al Ries, ai quali di recente si è aggiunta anche la figlia di Ries, Laura. Pubblicitari che cercando nuove vie inesplorate della pubblicità e del marketing sono approdati al Brand Positioning ed hanno prodotto ad oggi 18 libri sull'argomento.

Chiaramente quello che trovi in questo libro riguardo la disciplina del brand Positioning riassume i concetti fondamentali di tutti questi testi e corsi tra il quale anche il coso in italiano BRAND FACILE (www.brandfacile.it) del mio maestro Marco De Veglia.

Tale percorso porterà gli utenti a percepire il tuo brand ed i tuoi prodotti come facilmente riconoscibili e distinguibili all'interno del mercato. Lì dove oggi ci sono decine (se non centinaia o migliaia) di possibili scelte, il consumatore vedrà esclusivamente il tuo prodotto ma, soprattutto, sarà soltanto il tuo prodotto quello giusto per lui.

Avendo ben chiara l'identità del tuo brand e conoscendo

il tuo target di riferimento, quindi, giungerai a realizzare il miglior brand positioning, ossia la migliore strategia di posizionamento.

Del resto, come forse già precedentemente accennato, anche se si possiede il prodotto migliore ma non si comunica a nessuno l'eccellenza di tali caratteristiche, è del tutto inutile tentare di vendere il prodotto stesso. Uguale discorso vale se si fa comunicazione ma male, perché magari non si ha la giusta comprensione del target di riferimento, questo comporterà spese inutili per una pubblicità che i consumatori (sbagliati) non recepiranno, considerando il prodotto non giusto a soddisfare i loro bisogni.

Con un prodotto dalle caratteristiche accettabili ed una buona opera di comunicazione, assistita dalle opportune attività di brand positioning, puoi invece arrivare a convincere il giusto target della bontà del prodotto stesso, ossia della sua unicità.

Questo non vuol dire che occorre mentire pur di farsi credere dai potenziali clienti. Le bugie hanno le gambe corte, diceva un antico proverbio e se cercassi di frodare i clienti entro poco tempo rischieresti danni economici seri e soprattutto la perdita dell'immagine di qualità e convenienza del tuo prodotto ed una conseguente devastazione di lungo periodo della tua brand positioning, difficilmente recuperabile.

Ciò che è importante è essere al posto giusto nel modo giusto, cioè fissarti in maniera opportuna nella mente degli utenti come l'unica scelta per realizzare il loro obiettivo, a quel punto il loro percorso nel tuo funnel di vendita sarà diretto verso l'acquisto.

Ma anche quando l'utente entra nel funnel e converte c'è ancora qualcosa da fare a livello di comunicazione. Sia che un utente generico ti abbia appena conosciuto su internet, sia che un utente sia già profilato perché ha acquistato il tuo prodotto, sarà fondamentale mantenere in lui un ricordo vivo e positivo del tuo brand e dei tuoi prodotti o dei tuoi servizi.

Cioè una volta che l'utente esce dal web, non si deve dimenticare di te, ma anzi deve ricordarsi che tu sei colui che gli ha permesso l'acquisto migliore.

Brand awareness: farsi percepire credibili ed autorevoli

La brand awareness, ossia la notorietà di una marca, "Può essere stimata con indicatori sintetici del grado di ricordo. Il limite inferiore è la completa non conoscenza della marca; a un livello superiore si colloca il riconoscimento (o notorietà sollecitata), o ricordo aiutato, che indica la situazione in cui la domanda deve essere stimolata perché riconosca la marca. Quando la domanda ricorda le principali marche di una classe di prodotto senza bisogno di stimoli, si parla di ricordo spontaneo (o notorietà spontanea). L'apice della notorietà si ha con il top of mind, cioè la domanda associa la marca alla classe di prodotto"

Top of mind vuol dire essere il numero uno nella mente di quel segmento di mercato che ci si ricorda soltanto di quello. Uno degli esempi più noti a riguardo è quando, negli anni 80, si diffusero i lettori di cassette portatili che, pur essendo prodotti da tutte le principali aziende del settore, divennero famosi con un solo nome: Walkman. Walkman in realtà era un brand, cioè era il nome del lettore per cassette prodotto da Sony ma che, essendo percepito come il più vantaggioso da acquistare e soprattutto realizzato da un produttore affidabile, divenne il più diffuso, talmente tanto diffuso da finire per diventare sinonimo del prodotto stesso. Sony si era resa credibile agli occhi di coloro a cui prometteva di vendere un buon prodotto.

In un certo senso potremmo dire che il tuo obiettivo è diventare il top of mind del tuo segmento di mercato. E' un percorso lungo ed articolato, ma non impossibile. L'importante è trovare il posto giusto nelle menti del giusto target e restare lì.

A questo punto vien da se che quanto detto sin ora, riguardo la gestione del brand ed il suo posizionamento, debba trovare un punto di contatto con il mondo web e digitale nella parte relativa alla comunicazione. Questo può avvenire prevalentemente attraverso quelli che, nelle precedenti righe, avevamo considerato come i canali in tuo possesso e gratuiti, ossia i social media ed il blog.

Occorre prendere in considerazione l'assunto per il quale, come già detto, oggi gli utenti del web si informano prima di fare un acquisto e spesso trovano informazioni direttamente su internet. Avere un blog con articoli freschi di giornata e completi nelle informazioni darà la percezione che il tuo sito (e quindi il tuo brand) sia una voce autorevole in un determinato settore (che ovviamente sarà quello legato ai tuoi prodotti). Interagire quotidianamente con i tuoi fans ed i tuoi followers ti renderà credibile e ti permetterà di rimanere stabilmente nelle menti come l'interlocutore più giusto.

Dedicare una pagina Facebook ad una particolare varietà dei tuoi ghiaccioli vuol dire renderli visibili, pubblicare con costanza post, foto e video pieni di utili consigli su come realizzarli in casa e come consumarli ti renderà credibile, celebrare i premi vinti nei vari concorsi di cucina chiacchierando amabilmente con i tuoi fans ed invitandoli ad assaggi ed eventi gastronomici ti porrà in una posizione autorevole. Quelli che erano semplici e sconosciuti utenti acquisteranno presso di te e si ricorderanno del tuo brand e dei tuoi prodotti.

E attuando la giusta strategia di comunicazione, si metterà in moto quella che è la più potente macchina pubblicitaria: il passaparola. Un cliente soddisfatto che è contento di aver acquistato da te e si ricorda perfettamente il tuo brand ed il valore dei tuoi prodotti non tarderà a tesserne le lodi sulla propria pagina Facebook diffondendo sul web il tuo nome. Certo è anche vero che un cliente insoddisfatto, al contrario, potrebbe diffondere su internet frasi poco lusinghiere sul tuo brand, ma è proprio per questo che è così importante avere una valida capacità di comunicazione.

Avere un blog, possibilmente legato al dominio del tuo sito, vuol dire avere un luogo in cui parlare a chi vuoi e quando vuoi. Vuol dire poter trattare i temi più interessanti per il tuo target nella maniera che ritieni più idonea. Vuol dire attirare traffico direttamente verso il tuo sito. Vuol dire aumentare i potenziali clienti.

Ma tanto i social media quanto il blog richiedono di essere impiegati nel giusto modo per raggiungere i giusti obiettivi. Un testo scritto appositamente per il blog non può essere preso e messo allo stesso modo, ad esempio, su Twitter poiché nel momento in cui scrivo si ha il limite di 140 caratteri. Impiegare tutti questi canali in una strategia comunicativa è opportuno ma con le dovute indicazioni.

Il blog ed i social media: cosa dire, come ed a chi

Quando, come detto nei paragrafi precedenti, dal foglio bianco in cui hai descritto il tuo potenziale target iniziano ad emergere una o più figure abbastanza ben definite farai la conoscenza di coloro a cui dovrai rivolgere la parola.

Rivolgere la parola vuol dire comunicare. Comunicare con la pubblicità che il tuo è prodotto è unico, comunicare con il blog ed social media che la tua azienda ha un brand storico e dai saldi valori, comunicare sul tuo e-commerce che i prodotti sono in offerta. Sapere a chi parli ti dà la possibilità di adattare la comunicazione alla conversazione. Per un pubblico giovane occorrerà adottare un linguaggio meno tradizionale e più legato alla modernità, un pubblico composto in prevalenza da uomini richiederà la trattazione di argomenti poco consoni a quello femminile, ecc...

La strategia di comunicazione sarà il tuo "piano d'attacco" al target a livello comunicativo sul web, che ti permetterà diventare autorevole, attirare gli utenti nel funnel e renderli lead profilati.

Come nelle bancarelle dei vecchi mercati si faceva a gara a gridare più forte le proprie offerte per attirare i clienti e nei centri commerciali le vetrine, i volantini ed i manifesti dei vari negozi gareggiano nel proporre gli sconti più alti, così tu sul web dovrai comunicare al tuo target nel giusto modo (non è detto che sia necessario gridare) e proporre le offerte più vantaggiose. Avere un e-commerce su internet e non dirlo a nessuno non serve a nulla, come già detto, non conta semplicemente essere sul web ma conta starci nel modo giusto. Difficilmente un utente generico entrerà nel tuo funnel fino all'acquisto se non sa neanche che esisti.

Gli ambiti in cui comunicare con il tuo target saranno ovviamente quelli in cui il tuo target preferisce comunicare e dove quindi è più facile intercettarlo. Se, ad esempio, vendi prodotti per la rasatura come schiuma da barba, rasoi e dopo barba sarà probabilmente inutile andare a fare pubblicità su forum e siti specializzati in argomenti specifici per le donne, sarà meglio puntare a quelli che trattano argomenti più in target (appunto) come ad esempio forum e siti che parlano di auto o calcio.

Se è vero che tutti hanno ormai un account attivo su Facebook o Twitter (motivo per il quale spesso sono tra i canali preferiti per la comunicazione da parte di un po' tutte le aziende) è anche vero che soprattutto il pubblico femminile sceglie sempre di più Pinterest, mentre nel mondo del business si è attivi prevalentemente su Linkedin.

E' sempre in funzione del tuo target che va scelto il social media in cui interagire.

Ma fortunatamente esistono anche ambiti di comunicazione che puoi adattare a tuo piacimento rispetto ai temi da trattare ed a quale tono usare nella comunicazione. Tali ambiti sono i canali comunicativi in tuo possesso, cioè: sito internet, account sui social network, newsletter e soprattutto il blog.

Anche per quel che riguarda il blog occorre creare una programmazione degli articoli da pubblicare che rispecchi gli interessi del tuo target di riferimento.

Se vendi prodotti per la cura delle auto come cere lucidanti, tappetini, ecc… sarà magari utile avere un blog che tratti, ovviamente, di auto e tra un articolo e l'altro dia consigli per la manutenzione delle vetture e consigli per acquisti dal tuo e-commerce.

Se ti stai ponendo la domanda "ma allora per la mia strategia comunicativa, che mi permetta di intercettare il giusto target e di convertire gli utenti, sono meglio i social media o il blog?" La risposta potrebbe essere: tieni sempre in primo piano il blog come megafono che diffonda l'autorevolezza della tua voce e supportalo quando necessario con i social media.

In linea generale, cioè nella stragrande maggioranza dei casi, l'ideale è collegare al dominio del tuo sito un blog in cui, come già detto, pubblicare articoli interessanti per il pubblico a cui ti indirizzi. Poi tramite i social media, prima di tutto (ma non necessariamente sempre) Facebook e Twitter, diffondi i link all'articolo sul blog, ricordandoti di adattare i titoli di presentazione dell'articolo allo stile ed allo spazio che si trova nei diversi account. La programmazione dei post sui social media e la presentazione dei link agli articoli del tuo blog possono passare anche per altri canali come i già citati Pinterest o Linkedin, conta come al solito capire dove è più semplice intercettare il tuo target di riferimento e adattare la comunicazione di conseguenza. Ad esempio su Pinterest sarà preferibile utilizzare più immagini che parole.

Un passo in più va però considerato riguardo il blog. Lì dove la scrittura di un testo magari su Facebook è tendenzialmente libera da regole che non siano semplicemente quelle grammaticali, per redigere articoli per i blog in maniera opportuna è necessario rispondere a regole ben precise e dettate dai motori di ricerca, Google per primo. Se non si rispettano tali regole c'è il serio rischio di non apparire nelle pagine di ricerca dei motori, sicuramente non tra le ambite prime pagine, dove cioè si concentrano la maggior parte delle scelte degli utenti. Tutto questo vuol dire non riuscire ad avere traffico sul tuo sito.

La tecnica della redazione di testi così detti Google Fiendly (ossia conformi alle regole che Google vuole si rispettino per una buona indicizzazione) si chiama SEO (Search Engine Optimization) e richiede una certa conoscenza dei parametri con cui Google ed un po' tutti i motori di ricerca analizzano i testi da indicizzare.

Per darti una minima infarinatura considera come fondamentale ogni volta che si redige un articolo, la scelta di 4 / 5 parole chiave che andranno ripetute spesso (ma non troppe volte) all'interno del testo, così da dare ai motori di ricerca un'indicazione precisa di quale sia l'argomento di cui parli e facilitare l'indicizzazione.

Il tutto, come al solito, avrà il preciso compito di farti trovare da quanti più utenti possibile e fare in modo che siano attratti dagli articoli nel tuo blog o dai testi e dalle foto nei tuoi canali social, si interessino agli argomenti di cui parli e ti percepiscano come il migliore a riguardo, considerando i tuoi prodotti quelli più in linea con le loro ricerche. A quel punto il passaggio al tuo e-commerce sarà più semplice ed immediato e l'utente inizialmente sconosciuto si profilerà e sarà più propenso ad effettuare l'acquisto.

Devi dare qualcosa di meglio dei tuoi concorrenti. Ti devi distinguere dalla massa.

Una foto o un video con il giusto slogan pubblicati sul tuo blog e fatti poi "rimbalzare" opportunamente attraverso i canali social possono avere una capacità di diffusione e di contatto con il tuo target talmente ampia da essere definita, appunto, virale.

Ascoltare la rete non guasta mai

Ascoltare la rete, o meglio, monitorarla, vuol dire attivare determinati canali di ascolto e controllo dei settori del web che più ti interessano. Non stiamo parlando di spionaggio, non si tratta di andare a mettere microspie negli uffici dei concorrenti, ma semplicemente di dare un'occhiata, in maniera costante, alle pagine dei social media di tutti coloro che ritieni importanti per la tua attività ed a tutte quelle fonti presenti su internet da cui possiamo liberamente trarre informazioni utili.

Il caso più semplice da spiegare è quello in cui si può decidere di leggere spesso cosa si dice negli account Twitter (che per default sono sempre privi di restrizioni e quindi visibili a tutti) dei tuoi concorrenti. Esistono tool informatici che ricercano tra tutti gli account determinati termini o determinati hashtag, ma si può usare anche il semplice motore di ricerca interno di Twitter stesso.

Vale la pena, infatti, inserirsi ogni tanto tra i dialoghi dei clienti dei tuoi brands concorrenti e vedere "che aria tira", così come mettere nella casella di ricerca del motore interno di Twitter il nome del tuo brand o dei tuoi prodotti può darti una panoramica di cosa gli utenti pensiono a riguardo.

I suggerimenti che arrivano dalla rete possono essere spesso utili. Così come trovare pareri negativi può essere un campanello d'avviso che qualcosa non è stato fatto a dovere ed è necessario intervenire prima che una critica negativa divenga un calo delle vendite.

Sintesi

Nel moderno mondo digitale i potenziali clienti sono divenuti molto più abili a reperire informazioni e consigli prima di procedere ai loro acquisti. In oltre, grazie ad internet, hanno ormai la possibilità di avere una varietà sempre più ampia di scelta. E' quindi importante avere la capacità di attirare gli utenti verso il proprio funnel mostrando loro che si è l'unica scelta valida.

Il primo passo sarà elaborare i possibili target a cui ci si vuole rivolgere, più è dettagliata la loro descrizione più sarà semplice attuare la strategia di comunicazione e vendita.

Poi occorrerà elaborare la "strategia d'attacco" al target a livello di comunicazione con un adeguata cura della propria autorevolezza grazie al blog ed ai social media, oltre ad un eventuale impiego di sistemi di online advertising.

Occorre cioè attuare una opportuna opera di brand positioning del proprio prodotto con cui si mostri che, nel segmento del mercato di riferimento, è la scelta più opportuna. Dare al proprio brand ed ai propri prodotti una precisa identità rendendoli facilmente riconoscibili agli occhi degli utenti del web, che li identificano come portatori di valori per loro utili a soddisfare le necessità, vuol dire essersi posizionati nel giusto modo.

L'importante sarà dare ai potenziali clienti un ricordo duraturo del proprio brand e dei valori che a questo associano come positivo. Sarà necessario, cioè, attuare una attenta cura della brand awareness, perché la percezione del brand ed il suo ricordo rimangano costantemente credibili ed autorevoli, cioè costituiscano l'unica scelta più giusta per gli utenti.

Perché un utente soddisfatto parlerà bene del prodotto acquistato e del relativo brand. Ciò metterà in moto quel sistema di passaparola e diffusione di discorsi tra utenti, positivi per il proprio nome, che oggi costituiscono una parte importantissima del web.

Vale sempre la pena ascoltare questi dialoghi e fare attenzione a quanto detto sulla rete, una piccola opera di ascolto potrà tornare utile per difendere il proprio brand e conoscere concorrenti e potenziali critiche ai propri prodotti.

CAPITOLO 3

LA LEAD GENERATION

Conoscere i mezzi più adatti: capire come

raggiungere il tuo target

Dopo l'analisi fatta nel capitolo precedente di quali siano i primi passi per avviare la tua opera di comunicazione e pubblicità al fine di attirare utenti nel tuo funnel, analizzeremo, nelle pagine successive, quali sono i mezzi pratici con cui mettere in atto tale strategia portando alla generazione effettiva di lead. Vedremo cioè quali sono le pratiche più corrette per dare al tuo blog la possibilità di realizzare una buona attività di lead generation.

Questi canali sono solo la prima interfaccia fra te ed i potenziali acquirenti.

Un buon articolo, bene scritto sia a livello di stile che di ottimizzazione per i motori di ricerca, avrà la capacità di attirare traffico sul tuo sito. Affiancandolo da opportuni sistemi di canalizzazione degli utenti, attratti dall'articolo, questi saranno poi opportunamente indirizzati nel funnel. Lo stesso discorso è possibile farlo per un post, una foto o un video pubblicati sui social network.

Già nello scorso capitolo abbiamo visto quanto sia importante conoscere il target a cui ti vuoi riferire. Ancora adesso dobbiamo ribadire che avendo una più che buona comprensione del tuo target di riferimento potrai capire quale è l'arma più giusta da collegare ai tuoi canali di comunicazione per generare lead.

Ciò che accomuna tutte queste possibili vie di attrazione dei tuoi potenziali clienti è la capacità di convogliarli verso la profilazione e l'acquisto, quello che le differenzia è lo stile ed il "potere impattante".

Per cui sia che i tuoi utenti in target stiano leggendo un articolo del tuo blog o sia che stiano leggendo un post della tua pagina Facebook ciò che conta è che l'invito all'azione (cioè a profilarsi ed acquistare) sia fatto nel giusto modo e tramite il giusto percorso.

La call to action

Quando l'utente generico che naviga nel web cerca su un motore di ricerca dei "ghiaccioli", se avrai sistemato a dovere quanto detto nei capitoli precedenti, probabilmente il motore restituirà delle pagine di ricerca contenenti anche il tuo sito, incoraggiato dal fatto che grazie al tuo blog attiri molto traffico sull'argomento. L'utente che ha compiuto la ricerca, ritenendoti la scelta più autorevole cliccherà sul link alla tua pagina ed atterrerà sul tuo sito/blog. Questo è il percorso originato dalla ricerca organica (non a pagamento).

Una volta che sarà giunto sul tuo blog l'utente generico, che per ora è ancora tale poiché non conosciamo alcun suo dato, oltre a leggere eventualmente l'articolo che gli interessa, dovrà essere da te (per la precisione dal tuo sito) invitato a compiere anche (e soprattutto) una determinata azione, utile a profilarlo (in alcuni casi anche a compiere direttamente l'acquisto).

Il tuo sito (e quindi il tuo blog) dovranno contenere delle call to action, cioè degli inviti a compiere quell'azione che a te sarà utile ad ottenere dati e generare vendite ed all'utente servirà ad avere in cambio il valore di cui ha bisogno.

L'esempio più diffuso è quello per cui una volta che ci si trova sul blog di un noto personaggio, ritenuto molto autorevole riguardo un certo argomento, si decide di inserire la propria e-mail lì dove l'apposito banner (o comunque l'apposito testo) ci invita a fare il download del PDF del suo ultimo libro (o solitamente di una parte dimostrativa di questo). Cioè siamo chiamati all'azione di scaricare un testo che per noi ha un valore importante in cambio di un nostro dato. Noi avremo il testo (o una sua parte da poter valutare), i proprietari del sito avranno una banca dati più ricca con l'aggiunta della nostra e-mail e per loro diverremo utenti profilati.

Una volta che si è in possesso dei dati di contatto, anche un semplice indirizzo e-mail, sarà possibile continuare con l'opera di "riscaldamento" e convincimento del nuovo led profilato per invitarlo a proseguire fino all'ultimo gradino del funnel e quindi compiere l'acquisto, magari del libro completa di cui si era fatto il download del PDF parziale.

La call to action, considerando la grande importanza che riveste nell'attirare ad entrare nel funnel, è solitamente posizionata strategicamente all'interno delle pagine web perché sia ben visibile e colpisca l'attenzione di chi naviga. L'alta visibilità di solito è data anche da un aspetto grafico/cromatico particolarmente attraente, mentre la capacita di convincere l'utente a compiere l'azione richiesta è data dalla parte testuale presente all'interno della call to action stessa. Tale parte testuale si compone sempre di un esplicito invito a fare qualcosa, ad esempio: "scarica il PDF", "fai il download", "iscriviti al servizio", "richiedi informazioni", "acquista l'articolo", ecc... . A volte si può inserire anche una frase che ne amplifichi la capacità d'attrazione, ad esempio: "leggi la guida più interessante sui ghiaccioli, scarica il PDF", oppure, "stai cercando i ghiaccioli più dissetanti? acquistane qui una confezione!".

L'obiettivo è, ovviamente, sempre lo stesso: portare l'utente ad aprire la porta del tuo funnel e raggiungere gli step più profondi.

Quando si clicca sulla call to action l'utente, spesso, si sposterà dalla pagina in cui si trova (il tuo sito, il tuo blog, la tua pagina Facebook, ecc...) ed atterrerà su una pagina d'atterraggio creata ad hoc per permettergli di effettuare l'azione richiesta. Dovrai cioè realizzare un ambiente idoneo a trasformare la richiesta di fare un qualcosa nell'atto pratico di farlo. Non sempre sarà così, ad esempio l'esecuzione di un semplice download potrebbe non richiedere un'intera pagina ma si potrebbe effettuare con un semplice box in cui inserire l'indirizzo e-mail e cliccare sul tasto apposito. Ma le pagine di atterraggio, nell'ottica di uno sviluppo appropriato della strategia di comunicazione e pubblicità, rivestono un'importanza non trascurabile.

La landing page

Come un aereo che dopo aver intrapreso il volo giunge a destinazione e per prima cosa cerca la giusta pista d'atterraggio in cui completare il viaggio, allo stesso modo un utente che naviga nel web e che decide di intraprendere il viaggio dentro il tuo funnel avrà necessità di una pagina in cui atterrare per compiere la propria navigazione.

La pagina creata appositamente per permettere ad ogni utente di effettuare l'azione necessaria al compimento del suo viaggio nel funnel è la landing page (o pagina di atterraggio).

La landing page è una pagina dalle caratteristiche ben precise la cui unica finalità è permettere all'utente di compiere la conversione. Le caratteristiche più diffuse di tale tipologia di pagina sono: l'impossibilità di accedere ad altre pagine (ci sono solo quei collegamenti utili a compiere l'azione per la conversione) tranne, a volte, poche eccezione (ad esempio il tasto home o per tornare alla pagina precedente), riporta soltanto riferimenti ad argomenti strettamente connessi a quelli pubblicizzati dalla call to action ridotti alla quantità minima indispensabile di testo e sempre legati alle parole chiave più importanti.

Le pagine di atterraggio, soprattutto quelle dedicate alle vendite, possono essere considerate come le casse di un supermercato, poste al termine del percorso di shopping ed a cui si è obbligati ad accedere, per effettuare gli acquisti tramite un regolatore dei flussi (solitamente fatto, alle casse degli store fisici, con i nastri divisori) e che impediscono di tornare in dietro, tranne che per poche eccezioni.

Certo, non sempre si atterra in pagine utili agli acquisti o ad effettuare altri generi di conversioni.

Esattamente come alle casse dei grandi negozi esistono percorsi riservati a coloro che non hanno effettuato acquisti e che permettono di uscire senza passare per le casse, allo stesso modo il tuo e-commerce potrebbe prevedere delle pagine di atterraggio per coloro che decidono di non effettuare l'acquisto cliccando sul tasto della rinuncia la pagamento. Tali pagine sono tutt'altro che inutili. Infatti un potenziale cliente che fuoriesce dal funnel prima di compiere l'acquisto va comunque in un qualche modo spronato a tornare. Ecco che nel momento in cui schiaccerà il tasto per uscire dalla procedura di acquisto sarà necessario convogliarlo sulla landing page in cui verrà invitato a tornare, magari promettendogli uno sconto sull'acquisto successivo e ponendo in bella vista il box per lasciare comunque la sua e-mail così da poterlo ricontattare in caso di offerte speciali. Almeno avrai un nuovo utente profilato.

E le pagine di atterraggio ti saranno utili anche per altre attività, come ad esempio dare informazioni. Se una parte del tuo e-commerce è in manutenzione potresti indirizzare gli utenti, che arrivano in tale parte, verso una pagina apposita che, oltre ad informare sulla brevità dell'interruzione, inviti a lasciare i loro dati per essere avvisati appena tornerà tutto online.

In fin dei conti le landing page sono quelle pagine, dalle caratteristiche molto più semplificate rispetto alla struttura di un sito completo, che ti permetteranno di gestire la navigazione degli utenti attraverso il funnel, guidando ogni loro passaggio, fino o all'acquisto o alla loro fuoriuscita tramite una via preferenziale e predeterminata.

Esistono poi casi particolari di pagine di atterraggio, come le così dette splash page che solitamente vengono posizionate prima che si giunga nella home page, cioè prima che si acceda direttamente al sito. La loro funzione è fondamentalmente di guida alla navigazione del sito ed in alcuni casi può diventare utile per fare pubblicità di sezioni del sito che ritieni più importanti da navigare. Ad esempio potresti inserire una splash page a cui gli utenti accedono quando cliccano sulla tua pagina magari dalla ricerca di Google che fa apparire loro una guida alle pagine del tuo sito dove viene pubblicizzato l'e-commerce annesso. Solitamente le splash page non contengono call to action, ma si limitano a dare descrizioni.

E-mail marketing

Esiste la possibilità di andare a "colpire" il tuo target con un metodo che, a secondo del tipo di software che si usa, può essere gratuito o a pagamento: l'e-mail marketing.

"L'e-mail marketing è un tipo di marketing diretto che usa la posta elettronica come mezzo per comunicare messaggi commerciali (e non) al pubblico" (Wikipedia). L'e-mail marketing è cioè quell'attività, opportunamente organizzata, di invio di e-mail contenenti messaggi pubblicitari, call to action, inviti, promozioni, ecc... e tutto quanto sia ritenuto idoneo a mantenere un opportuno contatto con gli utenti. La sua utilità è fondamentale nell'impostazione di un'efficace campagna di comunicazione.

La caratteristica più "scomoda" per l'impiego dell'e-mail marketing è quella che, per poter attivare una campagna, si deve essere in possesso delle liste di indirizzi mail a cui inviare le e-mail. Cioè quando tu realizzerai delle splendide e-mail promozionali, con tanto di pubblicità e call to action a collegarti al tuo e-commerce per acquistare le tue confezioni di ghiaccioli artigianali, sarà necessario che prima reperisca gli indirizzi a cui inviarle. Le possibilità per ottenere le liste di indirizzi sono varie, ma quelle più diffuse sono fondamentalmente due: crei un tuo database oppure comperi liste già pronte.

Il creare un database di proprietà con indirizzi mail di utenti a cui inviare le tue e-mail pubblicitarie è senza dubbio la scelta più economica ma anche quella che richiede più tempo. Tale database potresti crearlo raccogliendo indirizzi sul tuo sito, con il metodo che già prima avevamo visto, creando un box all'interno del quale offri un PDF con argomenti di particolare interesse, o magari un buono sconti sull'acquisto dei ghiaccioli in cambio dell'indirizzo mail. E' un procedimento che per te è economico, ma richiede un certo tempo. Più rapido è acquistare elenchi già pronti, ma se si vogliono elenchi i cui contatti siano verificati, attivi (e magari anche in target) devi pagare cifre che, soprattutto nel medio-lungo periodo, potrebbero pesare sul tuo budget.

Oltre agli elenchi con gli indirizzi, per poter creare una vasta azione di e-mail marketing (cioè dell'ordine di almeno alcune centinaia di invii contemporaneamente) è necessario avere una piattaforma apposita. Tale piattaforma consente di selezionare le liste, compiere gli invii e misurare i risultati, in alcuni casi anche di generare le stesse e-mail, sia a livello grafico che testuale.

Occorre in oltre aggiungere, come già avevamo visto, che l'e-mail marketing diventa fondamentale in quei momenti in cui occorre contattare un utente che si allontana dal funnel senza concludere l'acquisto dopo aver comunque lasciato il proprio indirizzo, o quando un utente ha già effettuato l'acquisto ma va ancora "coccolato" con offerte ed incentivi perché ritorni.

Vi è anche un caso particolare di e-mail marketing, ossia la newsletter. In questo caso l'invio non è legato ad un evento particolare ma è costante nel tempo e permette di mantenere un contatto continuo con i propri utenti, inviare loro notizie, offerte e tutto quello che sia ritenuto più opportuno.

Da quanto detto sino ad ora si comprende quanto è importante avere un buon sistema di lead generation che consenta di attrarre utenti nel funnel e trasformarli in lead profilati e come per fare questo è necessario offrire qualcosa in cambio della profilatura.

Offrire un valore in cambio dei dati, la lead generation può essere utile a tutti

Ciò che conta in fondo è che delle due parti in gioco (tu e l'utente) entrambi guadagnino qualcosa. Tu una vendita sul tuo e-commerce o un nuovo indirizzo mail per il tuo database, l'utente un acquisto a prezzo scontato o un PDF da valutare.

Il valore che guadagni può quindi anche essere immateriale, cioè non collegato ad una transazione economica, ma semplicemente frutto di un'iscrizione tramite cui reperire dati utili alla tua strategia di comunicazione e pubblicità.

Questo ci porta constatare come creare un sistema di lead generation garantisca a tutti un vantaggio. Creare cioè la giusta comunicazione, la giusta pubblicità e la giusta successione degli step per attirare utenti e portarli nel funnel fino alla vendita o comunque alla "conquista" di un loro dato, come appunto l'indirizzo e-mail, renderà più ricca ogni azienda, professionista o artigiano che intraprendono un'avventura nel mondo digitale.

Ciò che realmente conta e che tutto sia fatto nel migliore dei modi. Con un costane lavoro sui temi che trattiamo in questo libro, applicati nel migliore dei modi, si potrà giungere ad ottenere una banca dati piena di utili dati di clienti o comunque utenti "caldi" ed interessati ed un flusso di vendite costante e monitorabile. Tutto questo con delle spese non eccessive e comunque sempre facilmente controllabili.

Sintesi

Per attirare ed incanalare lungo il funnel di vendita un utente del web è necessario mettere in atto una serie di opportune pratiche che rendano autorevole la tua voce sul web grazie alla creazione di testi per il blog ed i social media.

Per spronare i potenziali clienti a compiere la giusta azione, che li incanali nel funnel verso la conversione, si usa la call to action, cioè l'invito a fare quel qualcosa (scaricare, iscriversi, comprare) che permetterà loro di raggiungere, solitamente, la landing page, ossia la pagina di atterraggio creata opportunamente per compiere la vendita o comunque l'azione ritenuta necessaria. Le landing page possono, infatti, essere usate anche per altri scopi.

Tra i canali di diffusione delle attività di comunicazione e pubblicità online ve ne è uno che può essere o no a pagamento, ossia l'e-mail marketing. Grazie a tale strumento è possibile attuare una mirata opera di contatto con tutti gli utenti, a patto però di possedere le liste di indirizzi mail. Tali liste possono essere generate con una propria opera di "riempimento" del database di proprietà o acquistate. In oltre è necessario dotarsi di un'opportuna piattaforma per la gestione ed il monitoraggio dell'invio delle mail. L'e-mail marketing è comunque fondamentale per mantenere costane il contatto con gli utenti profilati, come nel caso della newsletter e per continuare a "coccolare" ed invitare a nuovi acquisti coloro che già hanno comprato sul proprio e-commerce.

Tutto questo è comunque indirizzato a portare l'utente a compiere la conversione che per noi è più giusta. Ed il percorso che porta a raggiungere tale obiettivo è quello che prevede per l'utente la possibilità di ottenere un vantaggio (come uno sconto sull'acquisto) e per il venditore un guadagno.

Non sempre la conversione è pero un guadagno materiale. A volte può essere un'immateriale, ossia un dato, come un indirizzo mail che comunque garantisce l'arricchimento del database e la profilatura di un utente altrimenti sconosciuto.

CAPITOLO 4

LA CONVERSIONE

L'ultimo gradino dopo una lunga strada

Il Funnel, come già più volte detto nelle pagine precedenti, è quel percorso ad imbuto che porta l'utente generico a conoscere il tuo brand ed i tuoi prodotti e ad interessarsene sempre più fino a preferirli a quelli dei concorrenti, ritenendoli i migliori e quindi ad acquistarli.

L'acquisto non è l'unico genere di conversione possibile, cioè l'ultimo gradino del funnel non deve per forza essere costituito da un procedimento di compra-vendita, ma può anche essere la compilazione di un modulo, magari per richiedere servizi o per un'iscrizione, o può essere in generale qualunque altra azione tu ritenga opportuna per profilare il lead e concludere il suo percorso nel tuo funnel.

Ciò che è sempre valido e che forse anche tu avrai già notato, se hai letto tutto questo libro fino a qui, è che la conversione (qualunque sia) comporta il dover percorrere una lunga strada, che dovrai essere in grado di gestire in ogni fase, per permettere all'utente generico di incanalarsi nel giusto percorso.

La creazione del giusto percorso deriverà in parte dalle tue esigenze organizzative ed in parte dalle esigenze del potenziale cliente. Spesso si dice che ogni utente preferisce compiere una qualunque azione online senza fare più di tre click, cioè, dopo aver individuato nel web ciò che gli interessa, ogni utente di solito non vuole impiegare troppi passaggi a raggiungere l'obiettivo. Se qualcuno cerca la solita confezione di ghiaccioli artigianali su un motore di ricerca ed individua il tuo sito come quello più giusto, tra l'atterrare sul tuo sito e giungere all'acquisto non dovranno essere necessari troppi click. Una navigazione semplice e diretta verso l'obiettivo invoglierà l'utente a restare sul tuo sito (e probabilmente anche a tornarci), una navigazione complicata e piena di click e passaggi inutili porterà i potenziali clienti ad abbandonare il tuo sito in favore di uno più semplice.

E' anche vero che se, ad esempio, si gestisce un e-commerce sarà in qualche modo necessario mettere a disposizione dell'utente la possibilità di navigare tutto l'e-commerce.

Chi entra nel tuo e-commerce per un ghiacciolo al limone deve comunque essere informato che ci sono anche quelli alla menta ed all'amarena, deve essere informato che ci sono promozioni per chi fa acquisti multipli e deve essere informato degli eventi che stai organizzando per pubblicizzarti. Ciò che conta è fare in modo che tutte queste informazioni non pregiudichino la semplicità e la brevità di navigazione dell'utente costringendolo ad inutili giri su parti del sito non attinenti le sue ricerche.

Tutto   questo   comporta   che   sarà   probabilmente

necessario prevedere più strade d'accesso verso i tuoi gradini più bassi del funnel, così chi sta leggendo un articolo del tuo blog sugli eventi gastronomici a cui hai partecipato potrebbe avere il link pronto verso la landing page che riporta l'elenco dei prossimi eventi e la possibilità di iscriversi a questi, chi sta navigando sui motori di ricerca per trovare offerte per l'acquisto di ghiaccioli potrebbe avere una corsia preferenziale verso la landing page che pubblicizza le tue offerte e permette di comprare confezioni di ghiaccioli con sconti.

Se ben organizzato il percorso nel tuo funnel finirà per diventare una rete dove i flussi di utenti dovranno poter viaggiare semplicemente e secondo le loro esigenze, ma potendo al contempo accedere ad ogni altra parte per loro potenzialmente interessante e per te utile da far conoscere quanto ritieni necessario.

L'importante sarà ricordarsi che, come abbiamo sempre detto, devi sapere con esattezza quali sono gli obiettivi che vuoi raggiungere (vendere, creare database di lead profilati, ecc...) e conoscere il meglio possibile il target degli utenti a cui ti riferisci, incrociando i dati dovrai preparare la rete di percorsi nel tuo funnel che assecondi le esigenze del tuo target e ti permetta di raggiungere gli obiettivi che ti sei prefisso.

Del resto se l'utente generico è entrato nel tuo funnel è perché ritiene che tu gli possa essere utile, l'importante sarà non dargli mai l'impressione opposta e renderlo sempre più convinto della necessità di giungere fino alla conversione.

Il lead ben "scaldato" è pronto ad acquistare

Occorre ricordarsi che la fase di riscaldamento dell'utente nasce già nelle primissime fasi di ingresso nel funnel. Le varie attività di conoscenza e diffusione del brand e dei prodotti attraverso la pubblicità e la comunicazione hanno proprio il fine ultimo di farti conoscere ed attirare dentro il tuo funnel i potenziali clienti.

Se avrai organizzato a dovere tutti i passaggi successivi ed avrai "preso la mira" in maniera opportuna verso il giusto target, il potenziale cliente ti inizierà a considerare l'unica scelta valida e non cercherà altrove soluzioni alle proprie esigenze, nella sua mente diverrai la scelta più autorevole.

Se cioè ti sarai posizionato nel giusto modo l'utente sceglierà te e si incanalerà verso le parti più profonde del tuo funnel convincendosi sempre più del fatto che è sul tuo e-commerce che vale la pena compiere l'acquisto.

Ed è proprio per questo che è fondamentale che gli ultimi passaggi prima della conversione siano pochi e semplici. Sarebbe del tutto inutile attivare una grande opera di comunicazione e pubblicità dopo aver passato tanto tempo ad analizzare il target ed i suoi comportamenti, rendendo il tuo funnel "scorrevole" da un passaggio all'altro fino all'ultimo gradino, se poi proprio all'ultimo gradino rendessi difficile il raggiungimento dell'obiettivo all'utente.

E come se dopo aver letto un articolo sul tuo blog con la ricetta per la realizzazione di ghiaccioli un utente si iniziasse ad interessare ad i tuoi prodotti, si iscrivesse ed assistesse ad uno dei tuoi eventi pubblicitari, si convincesse sempre più che i tuoi sono i migliori ghiaccioli artigianali e decidesse di acquistarli, dopo aver raggiunto il tuo sito andasse nell'apposita pagina sul tuo e-commerce ma, dopo aver scelto una confezione in offerta anziché poter concludere l'acquisto iniziasse a dover chiudere vari pop-up che si aprono con pubblicità tue (e non solo), si imbattesse in un'infinità di rimandi tra varie pagine per capire dove inserire i suoi dati, non trovasse l'apposito box per concludere il pagamento ed anche se lo riuscisse a trovare comunque la sua carta di credito non fosse tra quelle abilitate.

Il danno economico che potresti subire da una cattiva organizzazione dell'ultima fase nel percorso di generazione delle vendite potrebbe essere veramente grande se male organizzato, poiché, oltre al mancato guadagno relativo alla mancata conversione dell'utente che in quel dato momento non compie più l'acquisto, vi sarà anche la somma di tutti i mancati guadagni derivanti dal fatto che tutti gli utenti andranno ad acquistare presso un altro e-commerce.

Si potrebbe dire che occorre essere sempre attenti a non far raffreddare il lead, soprattutto dopo aver speso tanto, in termini di tempo e soldi, per scaldarlo.

Devi quindi fare attenzione a gestire anche i più piccoli passaggi dell'ultimo gradino. Dopo aver organizzato a dovere la fase di comunicazione e pubblicità ed ogni singolo passaggio attraverso il tuo funnel ti troverai un lead "ben caldo" pronto a convertire, cioè a comperare i ghiaccioli dal tuo e-commerce, ma sei in grado di gestire da solo l'ultima fase della conversione, oppure rischi di farlo raffreddare e perdere il cliente?

Forse è meglio che ti affidi, ad esempio, ad un circuito di pagamento che ti fornisca una piattaforma economica nei costi di gestione e che offra gli utenti una facile navigabilità ed una serie completa di servizi.

Se non disponi di qualche circuito bancario a cui affidarti, la scelta più rapida ed efficace potrebbe essere, ad esempio, quella di attivare un account su PayPal dedicato proprio alle attività di compra-vendita su e-commerce. Potrai avere un'interfaccia semplice a disposizione degli utenti, che raccoglie tutte le principali carte di credito, che permette comunque il pagamento tramite lo stesso PayPal e che non ti costerà una fortuna gestire (è previsto un piccolo costo per transazione).

L'importante sarà comunque che le piattaforme per gestire le ultime fasi del viaggio nel tuo funnel siano efficienti, anche in quelle parti del percorso in cui magari l'utente decida comunque di non acquistare.

Può infatti accadere che, nonostante tutti i tuoi sforzi nel permettere agli utenti il miglior viaggio lungo il tuo funnel, la navigazione più semplice ed il raggiungimento più diretto dell'obiettivo, qualcuno decida comunque che non è sul tuo e-commerce che vuole acquistare ed abbandoni il funnel un attimo prima dell'acquisto stesso. E' un utente perso? No, almeno non sempre né completamente.

Non solo shopping: la conversione non sempre è un acquisto

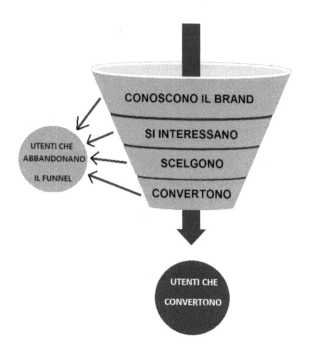

Se avrai indirizzato gli utenti nella maniera giusta anche quando decideranno di lasciare il tuo funnel dovranno comunque compiere almeno un ulteriore passaggio prima di uscire. Tale ulteriore passaggio è, solitamente, la compilazione di un modulo con la richiesta di almeno il loro indirizzo mail. Questo servirà a te per poter ottenere almeno una profilazione utile al tuo database ed all'utente verrà offerta la possibilità di iscriversi alla tua newsletter, di avere uno sconto sul prossimo acquisto presso il tuo e-commerce o comunque di avere un qualche vantaggio per cui valga la pena lasciare i propri dati.

Non è un passaggio obbligatorio ed anche quando previsto comunque non è detto che debba obbligare l'utente a profilarsi, potrebbe essere considerata una possibilità.

Di solito, quando un utente fuoriesce dal funnel atterra in una così detta thank you page. Tale pagina è una sorta di landing page il cui obiettivo, però, non è vendere ma comunicare un qualcosa.

Se la fuoriuscita dal funnel avviene tramite la conversione la thank you page avrà un utilizzo molto vicino al suo stesso nome, servirà cioè a ringraziare il cliente per l'acquisto fatto ed a invitarlo a farne uno nuovo quanto prima. Se la fuoriuscita avviene invece prima di effettuare la conversione considerata come l'ultimo obiettivo allora la thank you page diverrà l'interfaccia con cui potrai chiedere all'utente "fuggitivo" il perché della fuga, poiché grazie ai suoi feedback potrai migliorare il tuo servizio per evitare nuove fughe e potrai chiedergli anche di lasciare (almeno) il suo indirizzo e-mail per comunicargli delle offerte (così da generare nuovi lead per il tuo database).

Ma potrebbero verificarsi casi in cui la conversione che ritieni come il tuo obiettivo non sia l'acquisto di qualcosa da parte degli utenti. Può verificarsi la possibilità, ad esempio, che sul tuo blog abbia messo a disposizione una guida per la realizzazione di ghiaccioli a vari gusti e che in cambio del download di tale guida tu richieda agli utenti semplicemente di lasciare alcuni loro dati. Questo non ti permetterà di portare nuovi clienti verso il tuo e-commerce ma ti garantirà molti nuovi lead profilati da immagazzinare nel tuo database.

La conversione, ossia l'obiettivo che tu ritieni necessario raggiungere, è quell'azione che ritieni opportuno che l'utente compia per generare un vantaggio per te.

Durante una campagna sui social media, l'obiettivo che considererai come la tua conversione sarà probabilmente la generazione di un'ampia base di fans e followers. Tali utenti non compiranno l'azione di comprare né compileranno moduli, ma diverranno il tuo pubblico più affezionato con cui comunicare quotidianamente tutto ciò che riguarda il tuo mondo, dagli articoli del blog fino alle offerte sul tuo e-commerce. All'aumentare del loro numero aumenterà quindi la possibilità di ottenere nuovi clienti, questo magari potrebbe essere ottenuto creando una corsia preferenziale per gli iscritti ai tuoi account social che porti direttamente sul tuo e-commerce in una parte dedicata loro con sconti ed offerte.

Se volessimo complicare un po' le cose potremmo immaginare un sistema "entrata – uscita" dal funnel come quello nella figura successiva:

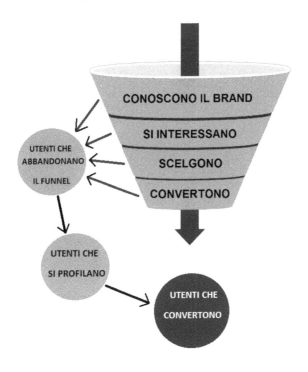

Ciò che conta, come già detto, è che l'utente compia l'azione che tu ritieni come quella più opportuna per raggiungere l'obiettivo che consideri necessario, mentre l'utente ottenga comunque un vantaggio che percepisca come sufficiente e conveniente.

Perché infondo occorre avere un occhio di riguardo nei confronti dei potenziali clienti, poiché tutto quello di cui abbiamo parlato fino ad ora serve soltanto se c'è una buona base di utenti che interagisce con o tuoi canali digitali. E l'interazione finale non si ferma all'acquisto.

Newsletter e non solo, dopo l'acquisto "coccoliamo" il cliente perchè ritorni

Anche dopo che l'utente generico ha compiuto tutto il lungo percorso, è entrato nel tuo funnel, si è profilato ed ha convertito procedendo con l'acquisto sul tuo e-commerce, non è finita.

Tutti gli utenti, soprattutto quelli che ti hanno lasciato un po' di soldi nel tuo e-commerce, vogliono sentirsi "coccolati" non dimenticati. La thank you page, di cui abbiamo parlato qualche riga prima, è fondamentale proprio in questo senso. E' infatti il primo passo verso un'ulteriore fase della tua strategia di comunicazione e pubblicità che, però, questa volta non è più rivolta ad un target potenziale compreso nella generalità degli utenti del web, ma è rivolta ad un numero ristretto e ben conosciuto di clienti già profilati.

Potrai, anzi, dovrai creare newsletter dedicate ai diversi tipi di clienti che hanno acquistato sul tuo e-commerce, dovrai cioè ricreare dei sotto-target tra gli utenti nel tuo database a cui inviare ben mirate mail in maniera opportunamente continuata, senza ovviamente rischiare di farti bloccare la casella per spam.

Se il sistema sarà realizzato in maniera opportuna metterai in moto un circolo che porterà gli utenti ad entrare nel tuo funnel, convertire e quindi rientrare.

Potremmo immaginare il sistema così:

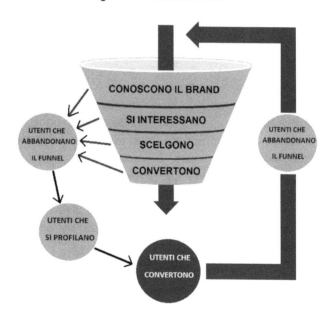

In oltre questo continuo contatto con il lead, anche se non porterà immediatamente a nuove vendite, continuerà a mantenere in lui un ricordo sempre forte del tuo brand e dei tuoi prodotti.

Essere presente nella casella di posta elettronica degli utenti che hanno interagito con il tuo sito, il tuo blog e/o il tuo e-commerce è un modo per rendere costante il tuo ricordo, a patto, però, che la cosa avvenga in maniera opportuna, cioè non tempestando continuamente le caselle con decine di inutili messaggi, altrimenti sarebbe spam e si otterrebbe l'effetto di perdere potenziali clienti. Creando invece campagne di e-mail marketing opportunamente mirate e realizzate a dovere dal punto di vista della grafica (accattivante ma non eccessiva) e dei testi (con la giusta quantità/qualità di copywriting e l'opportuna call to action) e recapitate con un intervallo appropriato, magari alternandole con la newsletter, si otterrà comunque una buona opera di brand awareness e si manterrà costante il posizionamento del tuo brand e dei tuoi prodotti nella mente dell'utente.

Ovviamente piccoli incentivi al primo acquisto o ad acquisti successivi come, ad esempio, sconti, buoni acquisto, ecc..., avranno un ulteriore effetto benefico sull'invogliare gli utenti a fare visita al tuo e-commerce.

L'importante sarà, come detto, far sentire l'utente "coccolato", cioè dimostrargli che tu a lui ci tieni e non è un cliente qualunque, per il tuo brand ogni cliente è un cliente speciale.

Sintesi

Il funnel è quel percorso ad imbuto che percorrono gli utenti per divenire profilati fino a giungere a compiere l'azione utile alla conversione. E' un percorso spesso lungo che è comunque fondamentale per raggiungere il tuo obiettivo di generare clienti/lead (e per questi di ottenere ciò di cui hanno necessità).

Nel tuo funnel sarà utile creare una serie di vie di accesso, uscita e riaccesso per permettere sia a chi compie l'intero percorso sia a chi si ferma prima della conversione di diventare comunque profilato, cioè finire nella tua banca dati. Starà a te regolare questi flussi in maniera opportuna e rendere navigazione ed acquisto abbastanza semplici.

Sarà fondamentale non eccedere nel numero di passaggi utili a permettere all'utente di raggiungere l'obiettivo, né caricare eccessivamente di informazioni le pagine che navigherà. Se eccederai con informazioni, link e numero di click necessari a concludere il percorso raffredderai il tuo potenziale cliente. Per mantenere "caldo" il lead dovrai garantirgli una vita facile ed agevole all'interno del tuo funnel, anche appoggiandoti ad opportune piattaforme per la gestione di alcuni servizi, come ad esempio i pagamenti, in maniera tale che ti continui a considerare la scelta più giusta.

Ma non è detto che l'azione che l'utente deve compiere per generare una conversione sia per forza un acquisto. Potrebbe essere, infatti, ritenuta come azione importante quella di dover compilare un modulo o effettuare un download. Ciò che deciderai di arricchire, in questo caso, sarà il tuo database. Comunque tu avrai un lead profilato in più e gli utenti raggiungeranno l'obiettivo per loro necessario (come richiedere un servizio o scaricare una guida).

Ma il percorso dell'utente non deve necessariamente terminare con la conversione. Anche dopo aver effettuato un acquisto sull'e-commerce, ogni cliente dovrà continuare a sentirsi coccolato. Dovrà, cioè, ricevere, con la giusta frequenza, e-mail promozionali e newsletter. L'importante sarà non infastidire i potenziali clienti con spam, ma creare un opportuno programma di e-mail marketing che permetta a te di generare una giusta opera di brand awareness e rafforzare la brand positioning ed al cliente di ricevere le giuste informazioni su, ad esempio, offerte, promozioni, ecc..., il tutto con il fine di invogliare i lead a tornare sul tuo sito/e-commerce e convertire ancora.

CONCLUSIONI

Un nuovo modello contro la crisi

La grande crisi che si è propagata a macchia d'olio in tutto il mondo ha generato, a partire dalla data simbolo della sua nascita nel 2008, una sorta di tsunami dell'economia. Sono state spazzate via in pochissimo tempo centinaia di aziende che da decenni occupavano posti anche molto importanti nei loro rispettivi settori.

Il tutto ha provocato una perdita di posti di lavoro altissima ed un conseguente impoverimento di milioni di persone.

Eppure la soluzione ad una buona parte degli effetti della crisi stava iniziando a prendere corpo proprio in quel periodo. Nel 2007/2008 si stavano, infatti, iniziando a porre le basi per quella che nei mesi seguenti sarebbe stata l'esplosione (in senso positivo) della crescita del mondo digitale.

Ciò che è stato fondamentale, nel passaggio tra le due realtà, è stato il dover prendere coscienza che non è più possibile fare business restando legati esclusivamente ai modelli preesistenti. E' stato cioè necessario

153

comprendere che un certo modello che per tanti decenni ha costituito il punto di riferimento, iniziava ad essere superato dall'avvento delle nuove tecnologie.

Se per tanto tempo tutte le aziende, più o meno grandi, così come i piccoli artigiani o i professionisti trovavano come uniche vie di comunicazioni con i loro potenziali clienti soltanto i media tradizionali (radio, TV, carta stampata) oggi la scelta è divenuta molto più ampia. Non solo, ma tra le categorie su citate, soltanto quei pochi che disponevano di budget ingenti potevano creare efficaci campagne di comunicazione, magari attraverso le reti nazionali. Oggi la comunicazione è a portata di tutti.

Il modello del business nel mondo digitale ha democratizzato la possibilità di avviare grandi campagne di comunicazione e raggiungere grandi quantità di pubblico e di potenziali clienti. Tramite una consapevole gestione del proprio blog e dei propri account social, è possibile ottenere forme di comunicazione e pubblicità gratuite.

Gli e-commerce, ormai, hanno superato in potenziale di efficacia nella vendita i grandi magazzini tradizionali. Oggi, infatti, con uno smartphone ed un tablet siamo sempre connessi e possiamo effettuare acquisti ad ogni ora del giorno o della notte ed in ogni parte del mondo. Sta a te trovare il giusto prodotto da vendere e realizzare la migliore strategia per farlo.

E probabilmente la difficoltà più grande, per molti soggetti legati al vecchio modo di fare business, è stata proprio quella di riuscire ad adattarsi a queste trasformazioni.

Anche gli store fisici, ossia i negozi tradizionali, hanno tratto giovamento dall'avvento delle moderne tecnologie digitali. Ad esempio creando un proprio account Google possono gestire la pubblicità e geolocalizzarsi nelle ricerche, così da rendere più semplice per gli utenti contattarli o raggiungerli. Ma non tutti i proprietari di negozi ed attività hanno capito l'importanza di essere presenti nel mondo digitale. Anzi molti sono rimasti legati alle tradizionali vie pubblicitarie come volantini o manifesti, finendo

per spendere inutilmente soldi ed aggravare bilanci che già erano poco rosei.

Ciò che, purtroppo, è mancato in molte situazioni è la capacità di capire la grandezza del cambiamento che si è creato a livello sia di modo di fare business, sia di comunicare con i potenziali clienti, sia di mentalità dei clienti stessi. Soprattutto coloro che appartengono alle nuove generazioni sono sempre più abituati a prediligere l'online. Avere un'attività commerciale o di fornitura di servizi e non possedere neanche un sito web o almeno un pagina Facebook, oggi, può voler dire non essere rintracciabile, non riuscire a vendere, non esistere!

E' comunque vero che molto dipende dal target a cui ci si riferisce ed è per questo che, come analizzato in più circostanze in questo libro, è fondamentale essere capaci di conoscerlo al meglio possibile. Ma una semplice insegna al neon posta al di sopra del tuo negozio potrebbe, ormai, non essere più sufficiente.

E volendo aggiungere una riflessione, che manca nelle precedenti righe di questo libro, si potrebbe considerare come, con l'avvento della moderna comunicazione digitale, siano diventate sempre più importanti certe figure professionali che, fino a non molti anni fa, erano marginali se non addirittura inesistenti. Tali figure sono, ad esempio, i social media manager, i community manager, gli addetti alle PR digitali, gli analisti di dati, gli sviluppatori IT, ecc... . Sono cioè quelle professionalità che gestiscono i vari processi necessari a creare e gestire anche (e soprattutto) uno (o più) step del funnel.

Se stai leggendo questo libro è probabilmente perché hai deciso, saggiamente, di dedicarti ad un'attività di comunicazione, pubblicità e vendita sul web. Questo vuol dire che ti potresti trovare a doverti confrontare in prima persona con l'utilizzo di nozioni proprie di alcune delle professionalità sopra citate. Con la lettura di questo testo riuscirai comunque ad avere una guida sul percorso da seguire nell'uso di tali nozioni, ma, se ravvisassi la necessità di mettere in pratica attività più mirate e richiedenti maggiori competenze puoi sempre rivolgerti a professionisti del settore. Anche questa potrebbe essere una parte della tua strategia per la generazione di lead.

Quando avrai pianificato la tua attività online, capire in quale misura potrai affrontarla da solo ed in quale, invece, dovrai ricorrere a professionalità esterne, potrebbe essere molto importante. Considerando che questo testo cerca affrontare l'attività di programmazione e di sviluppo delle attività web e digitali dal un punto di vista della semplicità e del risparmio, anche lo scegliere un professionista che ti aiuti rispetta questi parametri.

Non è necessario rivolgersi a grandi aziende di comunicazione ed usare budget a molti zeri. Basta un singolo professionista, opportunamente preparato, per essere consigliati nell'attività di programmazione delle varie tappe di creazione della tua strategia di comunicazione, pubblicità e vendita ed essere poi aiutati nella realizzazione di questa.

Potrai tranquillamente rivolgerti a freelance che ti aiutino a portare a termine i tuoi progetti digitali e poi magari rivolgerti alla grande agenzia di comunicazione soltanto quando il tuo budget avrà raggiunto un livello adeguato. O addirittura collaborare con lo stesso freelance perché tramite lui tu possa realizzare un piccolo team che si dedichi a tutte le attività necessarie. Avrai, cioè, già all'interno del tuo team tutte le risorse necessarie a sviluppare la tua strategia di "assalto" al web.

L'importanza di comprendere fino a che punto si può essere autosufficienti e quando è necessario trovare i giusti collaboratori deriva dalla complessità dell'attuare una strategia ben fatta a 360°.

Quante più competenze sarai in grado di esprimere tu direttamente o insieme ai tuoi collaboratori, tanto più efficiente sarà la tua strategia e a la sua applicazione.

I giusti mezzi: il web e le tecnologie digitali

Come sarà ormai chiaro, arrivati a questo punto della lettura, la parte da protagonisti nella nostra analisi è riservata ad internet ed alle tecnologie che hanno permesso la diffusione delle attività digitali. Sono questi infatti i giusti mezzi per affrontare il modello di business che si sta affermando in questi anni. Ed infondo è proprio la loro eterogeneità a richiedere il possesso di una quanto più possibile vasta somma di competenze.

In realtà la democrazia del web deriva dal suo porsi a più livelli nei confronti degli utenti. Potrai cioè utilizzare semplicemente un CMS (Content Management System – Sistema di Gestione dei Contenuti) completamente gratuito per aprire il tuo blog ed adoperare le pagine dei social per pubblicizzarti senza usare neanche un Euro.

Ciò che importa, in fin dei conti, è proporre all'utente il miglior prodotto possibile per poter soddisfare le sue ricerche e le sue necessità e renderti ai suoi occhi la scelta più autorevole.

Devi essere sempre disponibile perché l'utente è sempre connesso. Devi essere "mobile friendly" perché oggi la navigazione da PC (soprattutto fisso) e ridotta al minimo, per la maggior parte si usano smartphone e tablet, il tuo sito dovrà quindi essere responsive, ossia si dovrà adattare automaticamente ai diversi formati degli schermi. Devi essere "Google friendly" perché ottimizzare sito e contenuti in funzione dei motori di ricerca vuol dire diventare più visibili sul web (ed avere un buon Copy e/o un buon SEO che collaborano potrebbe essere una soluzione economica ed efficace).

Del resto anche prima dell'avvento dei moderni dispositivi digitali si era soliti andare in giro per vari punti della città a cercare diversi muri su cui affiggere i manifesti pubblicitari. Oggi anziché cercare diversi muri si trovano diversi display su cui far apparire le proprie pubblicità.

Ogni volta che pianificherai una strategia di pubblicità e vendita fallo ricordando che non tutti vedranno le foto dei ghiaccioli del tuo e-commerce dal monitor di un PC con 15/20 pollici (o più), molti, anzi, le vedranno dal piccolo display di 4/5 pollici del proprio smartphone. Ottimizzare tutto di conseguenza è fondamentale.

La navigabilità di un sito anche (soprattutto) da mobile e la facilità di interazione sono, come abbiamo già accennato, fondamentali.

Avere una presenza sul web in grado di raggiungere tutti i tipi di dispositivi connessi e che sia anche "user friendly" vuol dire dare la certezza all'utente, che ha scelto il tuo brand, che ha preso la decisione giusta. Poter arrivare con pochi click a concludere il percorso verso il proprio obiettivo darà agli utenti la tranquillità di poter sempre contare sul tuo e-commerce ed anche il dover pagare qualche decimo di Euro in più rispetto i ghiaccioli della concorrenza potrebbe non essere un problema, perché ci guadagnerebbero in tempo ed in qualità.

E porsi nel giusto modo agli occhi dei potenziali clienti abbiamo già visto quanto è importante.

Sapersi posizionare

Il brand positioning è, in fin dei conti, la somma di una serie di diverse attività che nell'insieme danno all'utente la percezione di chi sei e cosa fai, posizionandoti nella sua mente come la scelta più autorevole. Avere un marchio dalla grafica accattivante ma legarlo a prodotti dalla scarsa qualità vuol dire non aver capito come si posiziona un marchio.

Per trovare posto nella mente di un potenziale cliente, che consideri i tuoi ghiaccioli quelli più giusti da acquistare, occorre far convergere nel modo migliore un'insieme di attività che prese da sole rappresentano una parte del tutto. Ma ognuna deve comunque funzionare a dovere.

Se un utente naviga sul web alla ricerca di un qualcosa il tuo obiettivo sarà dimostrargli che tu puoi offrirgli il miglior qualcosa e che per poterlo ottenere non dovrà faticare. Se la navigazione del tuo sito o l'insieme di passaggi per giungere a completare l'acquisto dovessero risultare troppo difficoltosi, il potenziale cliente, che ti aveva preferito alla concorrenza fino a cercare di raggiungere il tuo e-commerce, potrebbe cambiare idea e preferire un altro produttore di ghiaccioli, forse anche poco più costosi dei tuoi, ma più facilmente raggiungibili.

Il prezzo che praticherai al pubblico dei tuoi prodotti potrebbe, quindi, diventare una parte della tua strategia ma, come già accennato, soltanto una parte. Pretendere di restare nella mente di un consumatore soltanto perché i tuoi ghiaccioli costano meno è errato, molti potrebbero preferire pagare poco di più ed ottenere un servizio migliore. Forse attirerai un traffico di curiosi che vogliono dare un'occhiata ai tuoi prodotti così economici ma, quando dovranno scegliere dove comprarli, se non opportunamente sollecitati, sceglieranno i tuoi concorrenti con siti ed e-commerce più accattivanti e facilmente navigabili, mentre difficilmente si avventureranno in lunghe peregrinazioni web per districarsi nelle tue pagine.

In circostanze come quelle appena analizzate anche la scelta dei partner può rivelarsi fondamentali. Come abbiamo già visto, poter contare su un sistema di pagamento che semplifichi la vita agli utenti del tuo e-commerce può voler dire aiutare gli utenti a preferirti alla concorrenza. Allo stesso modo aver un servizio di spedizione efficiente può giocare a tuo favore nella scelta da parte del potenziale cliente, se, infatti, questo avesse voglia di una confezione di ghiaccioli è tu proponessi una consegna entro 24 ore e magari anche gratuita, sarai probabilmente preferito ai concorrenti che effettuano consegne in 3 giorni e per di più a pagamento.

E se è complicato entrare nella mente di un possibile cliente, ancora più difficile è rimanerlo.

Per restare in maniera duratura nella mente di un utente come la scelta più autorevole devi anche conoscere il cliente stesso, prima che lui conosca te. Devi cioè imparare quale è il giusto target a cui poi dovrai riferirti lungo tutto il tuo percorso di comunicazione, pubblicità e vendita.

La giusta via: conoscenza, interesse,

offerta, conversione

Il percorso che porterà un utente generico del web a divenire un lead profilato ed a convertire è, come ormai avrai sicuramente imparato, lunga e piena di ostacoli. Il tuo compito, ovviamente, sarà renderla il più possibile breve e scorrevole, ma comunque sempre funzionale al raggiungimento dei tuoi obiettivi ed al soddisfacimento delle necessità degli utenti.

Dovrai imparare quali sono i segmenti di utenti con cui dovrai confrontarti, cioè quale è il target di riferimento per il tuo brand ed i tuoi prodotti e se esiste più di un potenziale target.

Dovrai fare in modo che il tuo target impari, a sua volta, a conoscere te, ma non con una semplice conoscenza generica. Dovrai cioè portare ogni tuo potenziale cliente a percepire il tuo brand ed i tuoi prodotti come gli unici adatti a soddisfare le sue richieste, i più autorevoli. Per farlo sarà necessario mettere in piedi un'opportuna strategia di comunicazione, pubblicità e vendita.

Dovrai quindi avere un blog legato al tuo sito ed al tuo e-commerce dove pubblicare regolarmente articoli interessanti per il tuo target così da farti conoscere ed interessare gli utenti al tuo brand, dovrai magari anche curare quotidianamente i tuoi profili sui social media e farti percepire in maniera positiva dai tuoi potenziali clienti.

Dovrai proporre le tue offerte, dovrai disseminare di call to action i canali di transito che portano gli utenti ad atterrare ai gradini più bassi del tuo funnel, spingendoli sempre più verso la loro profilazione e la conversione. Ogni landing page dovrà essere posta lì dove necessario e condurre a compiere l'operazione più opportuna.

A questo punto, se avrai fatto tutto il lavoro nella giusta maniera, gli utenti si profileranno, smettendo di essere ignoti ed iniziando a confluire nella tua banca dati come soggetti noti (almeno tramite indirizzo e-mail). Soprattutto gli utenti diventeranno clienti raggiungendo l'ultimo gradino del tuo funnel di vendita e compiendo il tanto agognato acquisto, dando luogo, quindi, alla conversione.

Ma il tuo compito non è finito. Per un certo numero di utenti che si profileranno e convertiranno, un altro numero tenterà di fuoriuscire dal tuo funnel prima della conversione e probabilmente anche della profilazione.

Dovrai prevedere corsie preferenziali per gli utenti che non vogliono far acquisti e che quindi non dovranno "passare dalla cassa", ma dovranno atterrare in specifiche sezioni del tuo e-commerce che offra comunque loro incentivi al ritorno in cambio di un dato di contatto, così da divenire parte del tuo database e ricevere e-mail pubblicitarie ed ogni altra forma di comunicazione che considererai idonea.

Allo stesso modo dovrai prevedere la giusta dose di ringraziamenti per coloro che effettuano acquisti sul tuo e-commerce tramite un'opportuna opera di e-mail marketing e newsletter. Agli utenti piace essere coccolati e soprattutto a coloro che hanno fato acquisti di tuoi prodotti sarà giusto regalare offerte promozionali e sconti anche per invogliarli a tornare.

Se saprai mettere adeguatamente in pratica quanto hai letto in questo libro, regolando nei giusti modi il traffico di utenti nel tuo funnel e creando le giuste alchimie per convincerli di essere la loro unica scelta opportuna ed autorevole, avrai creato un continuo ciclo di generazione di lead e nuovi clienti che porterà i tuoi affare ad impennarsi, aumentando sia la notorietà del tuo brand che la crescita dei guadagni.